ser como
Jesus é
para fazer
o que Jesus
fez.

PEDRO FELIZOLA

SEMELHANÇA

ser como Jesus é para fazer o que Jesus fez.

quatro ventos

quatro ventos

Todos os direitos deste livro são reservados pela Editora Quatro Ventos.

Editora Quatro Ventos
Rua Liberato Carvalho Leite, 86
(11) 3230-2378
(11) 3746-9700

Proibida a reprodução por quaisquer meios, salvo em breves citações, com indicação da fonte.

Todas as citações bíblicas e de terceiros foram adaptadas segundo o Acordo Ortográfico da Língua Portuguesa, assinado em 1990, em vigor desde janeiro de 2009.

Todo o conteúdo aqui publicado é de inteira responsabilidade do autor.

Diretor executivo: Renan Menezes
Editora Responsável: Sarah Lucchini
Equipe Editorial:
Natalie Arashiro Barboza
Paula de Luna
Diagramação: Vivian de Luna
Capa: Rodrigo Soares Magalhães

Todas as citações bíblicas foram extraídas da Nova Versão Transformadora, salvo indicação em contrário.

Citações extraídas do site https://www.bibliaonline.com.br/nvt. Acesso em outubro de 2019.

1ª Edição: Novembro 2019

Ficha catalográfica elaborada por Geyse Maria Almeida Costa de Carvalho – CRB 11/973

F316s Felizola, Pedro

Semelhança: ser como Jesus é para fazer o que Jesus fez / Pedro Felizola - São Paulo: Quatro Ventos, 2019.
184 p.

ISBN: 978-85-54167-29-5

1. Religião. 2. Fé. 3. Vida cristã. 4. Desenvolvimento espiritual. I. Título.

CDD 248.4
CDU 27-584

SUMÁRIO

Introdução **17**

PARTE 1
Deixar Jesus entrar

1. Pensar: tudo começa na mente! **27**
2. Orar: minha postura corporal importa? **51**
3. Contemplar: preciso ver para ~~crer~~ conhecer **73**

PARTE 2
Deixar Jesus fazer

4. Movidos: a força que me tira da inércia **93**
5. Habitados: casa, hotel ou Airbnb? **121**
6. Amados: o multidimensional amor de Deus por você! **139**

Epílogo **159**

DEDICATÓRIA

À Andressa, aquela que mais me ensina a ser semelhante a Jesus, e ao Rafael, aquele a quem mais desejo ensinar a ser semelhante a Jesus.

AGRADECIMENTOS

Meu primeiro agradecimento é à minha esposa, Andressa, minha maior encorajadora e melhor amiga. Meu bem, meu amor, obrigado.

Agradeço também aos meus pais, Kleber e Luisa, e irmãos, Ana Cláudia e Felipe, pelo suporte incondicional e por criarem um ambiente incrível para que eu aprendesse mais sobre quem Jesus é.

Obrigado, sogro e sogra, cunhados e demais familiares. Também à família da Igreja Batista Capital, a quem tenho a honra de servir e que me ensina diariamente a amar a Deus, amar as pessoas e servir a todos. Foi no contexto desse serviço que as ideias para esse livro brotaram e frutificaram, pela graça de Deus e com a receptividade e paciência da nossa comunidade.

Agradeço a meus pastores, Gilberto e Thuka Wegermann, pela amizade, pela inspiração e pelo investimento em mim e na minha família.

Ao Hillsong College e à Hillsong Church em Waterloo (Sydney, Austrália), onde passamos um ano estudando e servindo, agradeço pelo encorajamento e pelas amizades formadas.

Aos amigos Rodrigo e Vivi, pela fidelidade ao longo de tantos anos e pelo apoio na preparação desse material, obrigado.

E ao meu amigo e pastor Felipe Simões, obrigado por um dia haver feito o convite para vivermos juntos a causa de conhecer Jesus e torná-lO conhecido.

PREFÁCIO

A grande maioria das pessoas reconhece, ainda que no seu íntimo, que existe uma defasagem entre aquilo que ela gostaria de ser e aquilo que de fato é. Desde muito cedo na vida, aprendemos por meio da imitação. O exemplo dos pais ou cuidadores é de grande influência no desenvolvimento do bebê, e essas referências crescem em importância na medida em que a criança se desenvolve. Importantes experiências resultam em maior desenvolvimento, ou até em feridas e traumas que impactam na formação da personalidade, da autoestima, e da autoimagem do indivíduo.

A defasagem entre o alvo e a realidade é algo positivo e, em si, não representa nenhum problema real, especialmente porque, ao se manifestar de maneira saudável, ajuda a promover um crescimento contínuo e equilibrado. Olhar para outras pessoas que estão adiante de nós em seu desenvolvimento em alguma área pode ser igualmente saudável, quando feito de maneira equilibrada.

Aprender com aqueles que venceram determinadas lutas ou se tornaram referencias em alguma área é sinal de sabedoria. Entretanto, problemas de autoimagem e autoestima tendem a fazer dessa "comparação" uma competição silenciosa, que pode destruir a pessoa emocionalmente e colocá-la em uma perigosa rota de desequilíbrio e estresse psíquico. Sentimentos como ira, inveja, ciúmes, além de depressão, comportamento obsessivo compulsivo e outros transtornos mentais, facilmente se desenvolvem num ambiente de comparação e autodepreciação, em especial na vida daqueles que se desenvolveram em um ambiente disfuncional e opressivo.

Ao mesmo tempo em que a comparação é quase sempre prejudicial, estabelecer pessoas como referenciais pode ser saudável e desafiador. O curioso é que, se, por um lado, imitar alguém com desejo de "ser aquela pessoa" ou "tornar-se melhor do que ela", ou ainda provar para os outros que pode alcançar ou conquistar as mesmas coisas, posições, seguidores ou o que quer que seja que a pessoa em foco tenha alcançado é sintoma de enfermidade emocional, por outro lado, seguir o exemplo, admirar e até mesmo imitar alguém em determinadas áreas, desde que de maneira equilibrada e consciente, pode ter um forte e positivo impacto na vida emocional, relacional e espiritual de quem assim procede.

Outro aspecto importante é desenvolver uma relação equilibrada com a frustração e com os próprios fracassos. Todos nós, num certo sentido, desapontaremos as pessoas do nosso convívio em determinadas áreas, e também desapontaremos a nós mesmos. Cometer erros e fracassar em algumas áreas não apenas faz parte de uma vida saudável, como também é parte de um processo natural e necessário para o desenvolvimento do nosso caráter e da nossa personalidade. As frustrações com nossos próprios erros deveriam nos tornar mais sensíveis e tolerantes com os erros dos outros, que, assim como nós, também desapontam e são desapontados.

Em Filipenses, no capítulo 3, Paulo apresenta Jesus como seu referencial de vida. Como um padrão a ser imitado e base de orientação para a vida ideal. Em determinado momento da sua argumentação, no versículo 12, ele faz a seguinte afirmação:

> Não que eu já tenha obtido tudo isso ou tenha sido aperfeiçoado, mas prossigo para alcançá-lo, pois para isso também fui alcançado por Cristo Jesus. Irmãos, não penso que eu mesmo já o tenha alcançado, mas uma coisa eu faço: esquecendo-me das coisas que ficam para trás e avançando para as que estão adiante, prossigo para o alvo, a fim de ganhar o prêmio do chamado celestial de Deus em Cristo Jesus.

Essa afirmação "esquecendo-me das coisas que ficam para trás" demonstra o tipo de maturidade emocional que produz uma adequada autoimagem e uma alta capacidade de resiliência para seguir em frente. Todos nós precisamos crescer, e esse processo de crescimento deveria durar até o fim de nossa vida. Para isso, uma adequada auto-percepção e capacidade de avaliar a vida ao nosso redor torna-se indispensável. Por isso, precisamos usar todas as oportunidades de aprender e crescer, e sem dúvida alguma, escolher os melhores mentores.

Pedro Felizola, nas páginas desse livro, não só apresenta o melhor mentor e referencial que alguém poderia escolher, mas também, de forma clara, envolvente e convincente, expõe o fato de que inevitavelmente seremos influenciados por alguém. Quer queiramos ou não, quer admitamos o fato ou o neguemos. Assim, ele nos auxilia no processo de fazer a melhor escolha de referencial de vida para um desenvolvimento pessoal saudável, propõe um caminho eficaz para garantirmos um crescimento integral contínuo e ainda nos aponta um efetivo "estilo de vida de descanso", que nada tem a ver com acomodação, mas que nos leva ao equilíbrio entre o fazer e o ser, entre dar e receber, entre o esforço e o descanso.

Existe um caminho equilibrado e factível para o crescimento pessoal e o desenvolvimento daquilo que Peter Scazzero chamou de "espiritualidade emocionalmente saudável". A leitura de *Semelhança*, do Pastor Pedro Felizola, será um guia eficaz para todos aqueles que desejam alcançar desenvolvimento contínuo e um crescimento espiritual e emocional saudável, inspirados na vida e nos recursos disponibilizadas por Jesus Cristo, o mentor dos mentores e referencial perfeito.

GILBERTO WEGERMANN
Pastor líder da Igreja Batista Capital

INTRODUÇÃO

Nós nos tornamos aquilo que adoramos.
(Greg Beale)

Se o nosso coração está no lugar certo, todas as outras coisas encontram o seu devido lugar. É assim que a vida funciona. Se estamos bem com Deus, com nós mesmos e com as outras pessoas, vivemos de forma equilibrada e saudável. No entanto, essa condição só se torna possível quando fazemos de Jesus nossa única e suficiente fonte de satisfação.

Quando Cristo se torna a origem do nosso contentamento, parece que todo o restante se organiza sem precisarmos nos esforçar tanto. Torna-se mais simples saber o que fazer no trabalho, na faculdade ou nos relacionamentos, porque todas as decisões passam a ser guiadas pelo Espírito Santo, aquele que produz em nós a semelhança com Jesus.

Sou um discípulo de Jesus Cristo, e creio que a razão de estarmos vivos é nos tornarmos parecidos com Ele. Isso significa que o alvo principal de nossas vidas é que sejamos como Ele é para fazermos o que Ele fez. É disso que se trata viver aqui na Terra.

Foi para isso que o Filho de Deus veio ao mundo: para nos resgatar da nossa condição de pecado e separação em relação ao Pai e nos reconciliar com o nosso propósito original. Para fazer de nós, seres humanos, aquilo que Deus planejou ao nos criar: filhos e filhas em perfeito relacionamento com Ele, não apenas para desfrutar Sua presença, mas para reinar com Ele sobre o restante da criação.

Essa é a vida que observamos em Jesus. Foi assim que Ele viveu enquanto esteve na Terra, e é assim que nos convida a viver, por meio do Espírito Santo que enviou para habitar em nós. E, na medida em que O conhecemos e nos tornamos parecidos com Ele, passamos a torná-lO conhecido, porque nossas palavras, atitudes e mesmo nossa maneira de pensar e enxergar a realidade ao nosso redor O revelam ao mundo.

Talvez você esteja lendo esse livro e não creia em Jesus. Talvez não tenha muita convicção a respeito de quem Ele foi ou é, se realmente existiu, ou se é verdade o que dizem sobre haver ressuscitado dos mortos. Por isso, pensar em ser parecido com Cristo pode soar estranho ou até mesmo sem sentido, e tudo bem. Mas quero te encorajar a continuar a leitura e abrir seu coração para a possibilidade de que Ele seja real. De que Jesus realmente seja quem disse que era. Afinal, se Ele estava certo, e se Ele realmente ressuscitou dos mortos, tudo o que disse e fez ganha uma importância enorme, não? E passa a fazer todo sentido querer ser como Ele.

A verdade é que, seja você um discípulo de Jesus ou não, todos nós somos discípulos de algo ou de alguém. A questão é de quem aprendemos ou a quem imitamos, porque somos constantemente formados à imagem e semelhança de um outro. E a resposta à pergunta "de que ou de quem sou discípulo" é fundamental, porque determinará que tipo de pessoa nos tornaremos. Nós nos tornamos parecidos com aquilo que adoramos.

Na cultura em que estamos inseridos, é inevitável observarmos o comportamento (jeito de falar, de se vestir e de se relacionar) das celebridades, seja por meio da música, dos filmes e seriados, ou mesmo os *digital influencers* (influenciadores digitais) das redes sociais. E são essas pessoas que acabam por se tornar os referenciais que muitos querem imitar.

Podemos ser – e constantemente somos – discipulados por diversos agentes, seja cultura, mídia, familiares e amigos, pela universidade ou o que mais está ao nosso redor. Somos discipulados por *fake news*, por boatos, por descobertas científicas e até mesmo pela religião ou pela igreja.

No entanto, creio que o alvo máximo da nossa vida é nos tornarmos parecidos com Jesus. Ele é o exemplo, a vida perfeita, o próprio Deus em forma humana. É 100% Deus e 100% homem, a revelação perfeita do Pai. É a Ele que devemos imitar se quisermos nos tornar quem fomos criados e chamados a ser.

Mas o que significa, então, ser um seguidor ou discípulo de Jesus? O pastor John Mark Comer responde, de modo simples e prático, a essa questão:

> Nós ouvimos a linguagem "seguidor de Jesus" o tempo todo, mas o que significa ser um discípulo, ou aprendiz, do rabi de Nazaré? De forma simples, significa reorganizar sua vida em torno de três objetivos: 1. Estar com Jesus; 2. Tornar-se como Jesus; 3. Fazer o que Jesus fez. Isso é tudo. Mas é a busca de uma vida inteira. Não se trata apenas de um evento de domingo, mas de um "caminho" de vida em comunidade em torno dos ensinamentos de Jesus. Viver desse modo significa que precisamos ser transformados, de dentro para fora. Mas será que esse tipo de mudança de caráter profundo, autêntico e radical é mesmo possível? Realmente? Mesmo no caos do mundo moderno, digital e urbano? A resposta é: sim, absolutamente. Por meio do ensino, da prática, da vida em comunidade e do Espírito Santo, nós podemos recuperar nossa humanidade como aprendizes de Jesus.[1]

Vemos, então, que o objetivo de sermos discípulos de Jesus é essencialmente conhecê-lO para nos tornarmos semelhantes a Ele e, como consequência, tornamos Seu nome conhecido fazendo as mesmas coisas que Ele fez enquanto esteve aqui.

A história da criação, registrada no livro de Gênesis, afirma que o homem e a mulher foram

---

[1] Tradução do autor. Texto disponível em *practicingtheway.org*. Acesso em outubro de 2019.

criados à imagem e semelhança de Deus. Todos os seres humanos, conscientes disso ou não, carregam em si marcas, traços, aspectos e atributos do Criador. No entanto, em razão da entrada do pecado no mundo, essa semelhança foi afetada. Embora não totalmente perdida, ela se tornou embaçada, desfigurada, deslocada. As nossas transgressões impedem que essa semelhança seja visível e perceptível da maneira como Deus havia planejado. E, por isso, o ser humano acaba por se tornar mais parecido com outras coisas e com outras pessoas do que com o seu próprio Criador.

Dessa forma, nossa maneira de viver, de tratarmos uns aos outros acaba se distorcendo, a ponto de outras pessoas quase já não serem capazes de ver Deus em nós. Não é que perdemos a semelhança, mas ela está encoberta, escondida atrás das nossas escolhas e decisões em busca de autonomia e liberdade, as quais, ironicamente, terminam por nos fazer escravos de nós mesmos.

É por conta disso que Deus nos convida a entrarmos numa aventura de retornarmos a essa semelhança e de crescermos nela ao longo da nossa vida, não apenas aqui na terra, mas por toda eternidade. De voltarmos a expressar quem Ele é de modo claro, transparente e contagiante, a fim de que outras pessoas também desejem se tornar como Ele.

E essa aventura começa quando eu deixo Jesus entrar na minha vida.

Meu desejo e oração é que você perceba que, nessa jornada de transformação e santificação, é o Espírito Santo quem, de fato, opera esse crescimento em direção à semelhança de Cristo. Somente o Espírito de Jesus pode produzir a vida de Jesus em nós. No entanto, isso não significa que nossa postura deve ser passiva nesse processo. Na verdade, precisamos assumir a responsabilidade de buscar esse crescimento espiritual, abrindo espaços na nossa mente e no nosso coração para que Jesus entre e ocupe. A partir disso, o Espírito passa a agir com maior liberdade e poder em nosso interior, produzindo a semelhança de Cristo em nós. Isso requer todo o nosso esforço – amá-lO com todo o nosso coração, mente e força. Misteriosamente, Ele faz a obra completa, mas, durante o processo, convida--nos a trabalhar com Ele mesmo assim. Nosso ponto de partida será a oração de Paulo pela igreja de Éfeso, registrada na Bíblia em Efésios 3.14-21, como um guia que nos auxiliará na compreensão desse incrível e surpreendente processo que nos leva à semelhança de Cristo. Divirta-se!

Deixar Jesus entrar

Parte 1

Capítulo 1

PENSAR
Tudo começa na mente!

Atenção é o princípio da devoção.
(Mary Oliver)

Ser um discípulo de Jesus significa abrir o coração e deixar com que Ele entre e passe a governar a nossa vida. A Bíblia chama isso de "fé", e esse é o caminho para sermos salvos.

Em Romanos 10.9, Paulo escreveu: "Se você confessar com sua boca que Jesus é Senhor e crer em seu coração que Deus o ressuscitou dos mortos, será salvo". Vemos aqui dois elementos essenciais para a salvação: crer com o coração e confessar com a boca. Isso significa tomar uma decisão pessoal de depositarmos nossa fé na certeza de que Cristo está vivo, assim como declararmos essa decisão publicamente para as pessoas ao nosso redor. Essa decisão representa uma mudança de direção, ou, na linguagem bíblica, um arrependimento em relação ao antigo jeito de viver, que nos permite iniciar a nova vida recebida de Deus, por meio de Jesus.

É esse acontecimento que marca o início da vida cristã, ou do novo nascimento, como vemos na conversa de Jesus com um homem chamado Nicodemos (veja

João 3.1-21). É natural, quando falo em *deixar Jesus entrar*, que aqueles que já conhecem Jesus imaginem que eu esteja me referindo ao dia em que seus corações se abriram para Ele pela primeira vez. Mas *deixar Jesus entrar* é mais do que isso.

De fato, esse primeiro passo é imprescindível, e sem ele nada do que conversaremos daqui em diante fará sentido. Precisamos abrir o nosso coração para Cristo e crer em quem Ele é e no que fez por nós. Precisamos recebê-lO como Senhor e Salvador das nossas vidas, e só assim seremos salvos. Oro para que, se você ainda não fez isso, decida fazê-lo à medida que se encontrar com Ele nestas páginas.

No entanto, muitos dos que já tomaram essa decisão em algum momento de suas vidas, seja há muitos anos ou há apenas alguns dias, pararam nesse ponto. É como se o processo tivesse terminado, como se Jesus já tivesse entrado e, agora, todos os problemas estivessem resolvidos. "Afinal, minha salvação já está garantida", certo?

Sem entrar no mérito de que a salvação é individual e de que só Deus pode julgar os corações das pessoas, quero pensar acerca da sequência do processo e do fato de que esse acontecimento é apenas o primeiro passo de uma longa viagem, uma espécie de peregrinação cujo destino é a semelhança de Cristo.

O processo de se tornar semelhante a alguém é curioso e acontece de maneira mais natural e automática do que percebemos. Recentemente eu estava numa mesma roda de conversa com o meu pai e alguns amigos. Enquanto a conversa acontecia, olhei de relance para ele e depois para mim mesmo, e reparei algo que – espero – ninguém mais notou. Nós estávamos exatamente na mesma posição, com as mãos na cintura e balançando a cabeça em concordância com o que alguém estava dizendo.

Até aí, normal, pode acontecer. Mas o que mais me impressionou é que, não apenas a posição do corpo era idêntica, mas o semblante era também o mesmo: ambos franzindo ligeiramente a testa (é verdade que ele revelou algumas rugas a mais, mas estou chegando lá). Eu conseguia me ver em muitas das expressões faciais que observava nele. Fiquei impressionado!

Tudo isso durou uma questão de segundos, e eu rapidamente cruzei as pernas, coloquei as mãos nos bolsos da calça e disfarcei – não sei exatamente o porquê, acho que é o que você faz quando percebe essas coisas. Mas o fato é que, naquele momento, eu não podia ignorar que eu era mais parecido com o meu pai do que jamais havia notado.

Eram esses pequenos detalhes que evidenciavam a semelhança – além do fato de haver quem diga que eu caminho para ter a mesma careca.

É óbvio que existe uma semelhança natural, biológica, entre pais e filhos. Mas é impressionante também o quanto absorvemos, ainda que de modo espontâneo e não intencional, por meio da observação, do relacionamento e da convivência. Nós nos tornamos parecidos com aqueles com quem mais convivemos. A pergunta é: de quem você está perto? Com quem você quer se parecer? A quem você quer imitar?

Espero que, no seu caso, você tenha pais com quem queira se parecer. Embora eles não sejam perfeitos, são muitas vezes as figuras mais importantes na nossa formação. Para aqueles que não tiveram a oportunidade de conviver com as figuras paterna e materna, ou enfrentaram lares não saudáveis (eventualmente até violentos ou abusivos), talvez outras pessoas cumpriram esses papéis (avós, tios, irmãos ou amigos).

O fato é que recebemos influência direta ou indireta das pessoas com quem convivemos, e seja de modo consciente ou inconsciente, passamos a imitá-las. Há, no entanto, uma escolha a ser feita acerca de quem será o referencial com quem, no fim das contas, queremos nos parecer. Temos a liberdade de decidir com quem vamos nos parecer.

Por isso, penso que todos nós precisamos deixar Jesus entrar em nossas vidas – mesmo aqueles que um dia já deixaram.

Isso não significa que Ele tenha saído e agora precise voltar. Uma vez dentro, ele não sai mais. Ele mesmo prometeu isso:

> Minhas ovelhas ouvem a minha voz; eu as conheço, e elas me seguem. Eu lhes dou a vida eterna, e elas nunca morrerão.

Ninguém pode arrancá-las de minha mão, pois meu Pai as deu a mim, e ele é mais poderoso que todos. Ninguém pode arrancá-las da mão de meu Pai. O Pai e eu somos um. (João 10.27-30)

A questão aqui, portanto, não se trata de perder a salvação que um dia recebemos quando abrimos nosso coração para Jesus pela primeira vez. Não é isso que está em jogo. Se realmente depositamos nossa fé e confiança n'Ele, Ele ainda está conosco, pois não muda de ideia a nosso respeito. Contudo, o que ocorre ao longo do tempo é que alimentamos nossa mente e nosso coração – nossos mapas mentais, pensamentos, desejos, planos, intenções, emoções e tudo o que compõe quem somos – com muitas coisas diferentes de Jesus, sejam elas coisas boas ou ruins. Trabalho, estudo, relacionamentos, família e entretenimento são, na essência, coisas boas, enquanto pecados, vícios, traumas, negatividade, remorso e culpa são essencialmente ruins. No entanto, tanto as coisas boas quanto as ruins, quando ocupam um lugar exagerado em nossas vidas, acabam causando um efeito semelhante: a sensação de que Jesus não está mais ali, ou que Ele está tão calado ou relegado a um segundo plano que Sua presença já não é mais notada.

Talvez você já tenha experimentado isso. É como se Ele estivesse distante, frio, em silêncio. Temos a impressão de que aquele relacionamento que um dia foi íntimo, próximo e empolgante agora não passa de uma vaga lembrança, quase como um sonho cuja realidade torna-se gradativamente mais questionável ao longo do tempo. A presença de Deus em nós, que antes era sentida, agora mal pode ser lembrada. O desejo de nos parecermos com Jesus, que antes consumia nosso coração, agora parece inatingível e, para dizer a verdade, até um desperdício de tempo e energia. A vida passa a ser levada no automático, e a presença de Jesus em nós deixa de ser ativa e participativa para se tornar passiva e apática. É como se, com as nossas escolhas e atitudes, déssemos "um tempo", como num namoro interrompido. Uma pausa para nós mesmos para uma vida autônoma e independente – uma vida "livre". Ao menos é assim que a vislumbramos.

O resultado é uma mente distraída, não porque esteja desocupada, mas porque está repleta de muitas coisas, exceto da presença que deveria, de fato, preenchê-la: a de Jesus. E essa é a condição de muitos cristãos da nossa geração: distraídos em relação a Deus e ocupados demais quando se trata dos assuntos deste mundo. Enquanto isso, o Seu convite continua sendo para ocuparmos nossa mente e nosso coração com Ele.

Uma das minhas passagens favoritas nas Escrituras encontra-se em Efésios 3.14-21. É uma oração do apóstolo Paulo em favor dos cristãos da cidade de Éfeso, que hoje se encontraria na atual Turquia. Naquele tempo, Éfeso era uma cidade estratégica para o Império Romano por se tratar de um polo comercial importante e ser também a capital romana na província da Ásia. Ali residiam judeus que haviam sido dispersos ao longo do tempo, mas também muitos gentios, ou seja, pessoas de outras origens, que não acreditavam originalmente no Deus de Israel. Naquele contexto de diversidade étnica, cultural e religiosa, altamente influenciado pela sociedade greco-romana politeísta e dada ao prazer e à busca pela satisfação individual — e nesse sentido, semelhante à sociedade pós-moderna na qual vivemos — Paulo escreve uma carta aos recém-convertidos à fé cristã, tanto judeus como gentios, encorajando-os a crescerem em maturidade e comprometimento.

Especificamente no capítulo 3, vemos uma detalhada explicação do que o sacrifício de Cristo representou no sentido de formar para si um só povo, que não é definido por etnia, história ou mérito, mas sim pela fé. Por meio de Seu Filho, Deus formou um povo, a igreja de Jesus, composta por judeus e gentios, ricos e pobres, cultos e iletrados, negros e brancos, mulheres e homens, por crianças e adultos, ou seja, por pessoas. Gente de todo tipo compõe essa comunidade e esse movimento que começou há mais de dois mil anos e continua crescendo e avançando no estabelecimento do Reino de Deus aqui na Terra.

Tendo esse quadro em mente, podemos entrar agora na oração de Paulo pelos Efésios:

> Quando penso em tudo isso, caio de joelhos e oro ao Pai, o Criador de todas as coisas nos céus e na terra. Peço que,

da riqueza de sua glória, ele os fortaleça com poder interior por meio de seu Espírito. Então Cristo habitará em seu coração à medida que vocês confiarem nele. Suas raízes se aprofundarão em amor e os manterão fortes. Também peço que, como convém a todo o povo santo, vocês possam compreender a largura, o comprimento, a altura e a profundidade do amor de Cristo. Que vocês experimentem esse amor, ainda que seja grande demais para ser inteiramente compreendido. Então vocês serão preenchidos com toda a plenitude de vida e poder que vêm de Deus. Toda a glória seja a Deus que, por seu grandioso poder que atua em nós, é capaz de realizar infinitamente mais do que poderíamos pedir ou imaginar. A ele seja a glória na igreja e em Cristo Jesus por todas as gerações, para todo o sempre! Amém. (Efésios 3.14-21)

Como vimos, Paulo dedicou a primeira parte desse texto à explicação do que ele chama de "mistério", o fato de que judeus, detentores originais dos "privilégios" da aliança de Deus com os patriarcas Abraão, Isaque e Jacó, bem como do conhecimento da Lei dada a Moisés e proclamada pelos profetas; e gentios, originalmente estranhos a tais privilégios são agora igualmente incluídos na nova aliança, firmada por meio do sangue de Jesus. Essa é a realidade que Paulo tem em mente quando diz "Quando penso em tudo isso". Na verdade, essa era a sua reflexão desde o início do capítulo, pois o verso 1 começa exatamente com a mesma frase: "Quando penso em tudo isso". De fato, havia algo muito específico ocupando o pensamento de Paulo naquele contexto. Mas, curiosamente, de maneira aparentemente espontânea e não planejada, ele faz um desvio na rota do seu raciocínio para oferecer essa explicação a respeito do que ocupava sua mente, antes de iniciar a sua oração por aquela igreja. O resumo dessa explicação, que toma toda a primeira metade do capítulo 3 da carta, encontra-se no verso 12: "Por meio da fé em Cristo, agora nós, com ousadia e confiança, temos acesso à presença de Deus". Acho inacreditável essa revelação. O apóstolo faz essa declaração fantástica para sintetizar a compreensão que ele agora tem a respeito daquilo que Cristo realizou na cruz, usando a linguagem de um mistério que antes estava oculto, mas agora foi revelado.

Aquilo que fora mantido em segredo para todas as gerações anteriores tornara-se acessível para aquelas pessoas que testemunharam o que Jesus fez quando veio a este mundo em forma humana. O acesso foi garantido a todo aquele que depositar sua fé n'Ele, independentemente de qualquer outra condição. A fé em Jesus dá acesso a Deus. Era essa a realidade que ocupava os pensamentos de Paulo e que o motivava a orar pela igreja de Éfeso. Ele tinha o seus pensamentos permeados pela realidade da Cruz, do sacrifício de Cristo, Sua morte em favor de todo tipo de pessoa, a fim de que todos pudessem ter acesso à presença do Pai com ousadia e confiança por meio da fé. Ao pensar nisso, o apóstolo não podia ter nenhuma reação diferente de cair de joelhos e orar, falar com o Pai em adoração e contemplação por tão grande amor, e também clamar em favor dos seus novos filhos, adotados como parte da família da fé.

Eu me pergunto se as coisas que normalmente costumam ocupar meus pensamentos me levam a reações semelhantes à de Paulo. Se aquilo que preenche a minha mente me motiva a, como ele, cair de joelhos em adoração e então orar a Deus em favor de Sua Igreja, de Seus filhos e de Seu povo.

A nossa vida de oração será consequência daquilo que ocupa a nossa mente. Quanto mais focarmos nossos pensamentos na realidade de quem Cristo é e na sua obra em nosso favor, seremos mais motivados e inclinados a orar – e não apenas por nós mesmos e nossas próprias necessidades, mas a orar em favor dos outros, em favor da Igreja – para que ela continue a crescer no amor de Cristo e a experimentar Seu poder e Sua graça de modo cada vez mais transformador.

Em verdade, a razão pela qual nossa vida de oração costuma ser tão "eucêntrica" é que, em boa parte do tempo, nossos pensamentos dizem respeito apenas a nós mesmos. Pensamos naquilo que desejamos ser, naquilo que queremos adquirir, naquilo que esperamos realizar, e então, oramos por essas coisas, se é que oramos. O "eucentrismo", o governo do "eu" sobre a própria mente, faz com que sejamos não apenas egoístas e individualistas, mas também cada vez mais autônomos e independentes em relação ao próprio Deus. Afinal, se nossa mente está sempre ocupada com a gente, quando é que ela terá tempo para se ocupar com Ele?

Sabendo dessa inclinação do ser humano, o desejo do apóstolo Paulo era ver os discípulos de Éfeso crescendo em sua espiritualidade e seu relacionamento com Jesus. Por desejar tanto isso, ele orava. Por pensar a respeito de como eles poderiam alcançar essa realidade, ele se deixava guiar pelo Espírito Santo para interceder em favor deles nesse sentido, pois entendia que nossos pensamentos determinam como será nossa vida de oração. Aliás, determinam como será toda nossa vida. Esse é o poder daquilo em que pensamos. Tudo começa na mente.

Paulo parecia se ocupar quase que unicamente com a pessoa e a obra de Cristo. Podemos dizer que ele respirava, falava, ensinava e pregava um só tema, um só assunto, uma só pessoa: Jesus. Não parecia haver nenhum espaço vago em sua mente para trivialidades, conversas infrutíferas, discussões sem sentido, perda de tempo ou energia com questões secundárias. Ele amava Jesus, por isso pensava n'Ele em praticamente todo o tempo. E isso fez com que ele se parecesse com Cristo mais do que provavelmente qualquer outra pessoa na história.

Se você conhece o Novo Testamento e já dedicou algum tempo lendo as histórias de Paulo no livro de

Atos, assim como as cartas escritas por ele às diferentes igrejas, talvez concorde comigo: ler o que escreveu, ouvir sobre ele e até mesmo falar sobre suas atitudes nos lembra muito Jesus. Ele se parecia tanto com seu Mestre que se sentia seguro o bastante para encorajar os seus discípulos: "Sejam meus imitadores, como eu sou de Cristo" (1 Coríntios 11.1). Não existe outra maneira de nos parecermos com Jesus a não ser ocupando a nossa mente – aquilo que coordena nossas escolhas, nossas decisões e, em última análise, quem nós somos e quem nos tornaremos – com pensamentos a respeito do nosso Salvador. Portanto, o primeiro lugar que Ele precisa ocupar na nossas vidas é a nossa mente.

Mesmo aqueles que já se consideram discípulos de Jesus sabem que, no dia a dia, é muito mais fácil nos deixarmos convencer e sermos conduzidos pela nossa lógica e racionalidade humana e terrena do que pelo Espírito de Jesus que habita em nós. A realidade visível apresenta-se avassaladora diante de nós quando nossa mente não se encontra totalmente preenchida e alimentada pela realidade invisível – embora ainda mais real e concreta – de quem Cristo é em nós. E então, somos facilmente envolvidos pelas demandas da vida cotidiana, pela agitação e ocupação do nosso coração com as questões importantes, mas incomparavelmente menores que competem pela nossa agenda. Sobra pouco ou nenhum espaço para pensar naquela realidade que ocupava os pensamentos do apóstolo.

Talvez questionemos se isso ainda é possível na loucura e velocidade do mundo contemporâneo. A vida no século XXI é, de fato, muito diferente da vida que Paulo viveu no primeiro século. Isso certamente é verdade em alguns aspectos, mas, na essência, talvez não seja tão diferente assim. A mente humana sempre foi atacada e distraída com relativa facilidade. É impressionante como um pensamento pode surgir "do nada" e se tornar o foco da nossa atenção. Ele pode tirar o nosso sono, nos impedir de trabalhar com efetividade e gerar ansiedade ou pânico. Pode afetar relacionamentos e até mesmo nossa saúde física, tudo por causa de um pensamento, que nem mesmo precisa corresponder à realidade experimentada na prática. Como é frágil a mente humana!

Paradoxalmente, não há nada mais poderoso em toda a criação do que a nossa mente. Ela é capaz de feitos extraordinários, dotada da criatividade mais impressionante, de dons e habilidades incomparáveis. Possui uma beleza e genialidade que, inevitavelmente, apontam para um Criador. Não há nenhuma construção, nenhum feito científico ou tecnológico, nenhuma linha escrita pelos maiores poetas ou pinturas esboçadas pelos maiores mestres que não tenha nascido pelo poder de um simples pensamento. O problema, então, não parece estar na mente em si. É certo que a nossa racionalidade foi atingida pelo pecado, o que a torna contaminada e fragilizada, mas é certo também que a redenção recebida pela graça de Deus quando somos salvos em Cristo alcança inclusive nossa razão, tornando-a novamente capaz de pensar em Deus e nas coisas relativas a Ele.

Por conta disso, devemos refletir sobre como podemos nos ocupar daquilo que ocupava os pensamentos de Paulo. Há um processo que precisa ocorrer e ele começa quando liberamos o acesso da nossa mente para que Deus possa entrar nela, fazendo então com que Jesus se torne o centro gravitacional de todos os pensamentos que a ocupam. E, como consequência disso, creio ser possível fazermos todas as coisas pensando n'Ele, seja trabalhar, estudar, divertir--se, comer ou beber. Se isso não fosse possível, qual seria a outra forma de cumprir a ordem de Paulo de orar em todo o tempo (1 Tessalonicenses 5.17), ou de comer, beber ou fazer qualquer outra coisa para a glória de Deus (1 Coríntios 10.31)? Quando digo isso, obviamente não estou sugerindo que não pensemos em outras coisas. Até onde sei, isso é impossível! Não consigo não pensar na minha esposa quando estou ao lado dela, ou não pensar no meu trabalho quando estou trabalhando. É saudável e necessário estar presente, não apenas com o corpo, mas com o coração. Precisamos pensar no que fazemos aqui neste mundo, mas existe um caminho para nos tornamos constante e continuamente conscientes da presença de Jesus em nós por meio do seu Espírito. Há uma jornada que podemos trilhar na direção dessa experiência — a vida plena e que satisfaz, conforme Jesus prometeu (João 10.10).

Entretanto, a verdade é que nos deixamos distrair com facilidade e isso infelizmente ocorre com uma frequência maior do que gostaríamos. Por motivos diversos, mas muitas vezes fúteis, nossa mente viaja para muito longe da presença e do governo de Cristo. Ela se ocupa com coisas que não O glorificam, não O honram nem apontam para Ele. Como será possível, então, que Jesus se torne o polo gravitacional de uma mente capturada por tantas outras coisas que não o próprio Jesus?

Encontrei ajuda para responder a essa questão em um pequeno livro que reúne reflexões de Nicholas Herman, conhecido como Irmão Lourenço, que viveu na França do século XVIII. Suas memórias revelam a profundidade do relacionamento com Jesus alcançada por esse homem, que decidiu dedicar sua vida por completo à prática da presença de Deus. A certa altura, ele diz:

> Assim foi que tomei a decisão de me entregar completamente a Deus. Depois de ter me entregado inteiramente a Deus e de fazer todo tipo de emendas possíveis por meus pecados, por amor a Ele, renunciei a tudo que estava fora Dele, e comecei a viver como se não houvesse outras pessoas no mundo, nada mais que Ele e eu. Às vezes me colocava diante dele como um pobre criminoso aos pés do seu juiz, e outras vezes o

contemplava no meu coração como o meu Pai e meu Deus: lhe adorava com tanta frequência como poderia fazê-lo, mantendo minha mente em sua santa Presença, e trazendo-o à minha mente, quando percebia que estava divagando inadvertidamente e não pensando Nele. Este exercício me produzia um pouco de dor, mas continuava fazendo, e apesar de todas as dificuldades que surgiam, sem inquietar--me quando minha mente divagava involuntariamente. Esta foi a minha tarefa, tanto durante o dia inteiro no trabalho como nos momentos de oração; a qualquer momento, a cada hora e cada minuto, mesmo nos momentos de trabalho mais pesado, retirando de minha mente qualquer coisa que possa interromper os meus pensamentos sobre Deus. [...] No final, ao repetir frequentemente essas ações, elas tornam--se habituais, e a presença de Deus torna-se natural para nós.

(IRMÃO LAWRENCE, 2003 – Carta I do Capítulo 2)[1]

O detalhe é que esse homem, após dezoito anos trabalhando no exército e no serviço público, decidiu dedicar-se à posição de cozinheiro e fabricante de sandálias em um mosteiro. E, ao fazer isso pelos quinze anos seguintes da sua vida, aprendeu a descascar batatas, cozinhar para dezenas de monges famintos e costurar sandálias em um espírito de oração e consciência constante da presença de Deus. Isso com um grande esforço e dedicação ao longo de anos.

---

[1] LAWRENCE, I; LAUBACH, F. **Praticando a Presença de Deus**: Como Alcançar a Vida Cristã Profunda. 1ª Edição. Rio de Janeiro: Danprewan, 2003.

Vemos outro exemplo com A. W. Tozer, em seu clássico *Em busca de Deus*[2], em que escreveu: "O melhor meio de controlar os nossos pensamentos é oferecer a mente a Deus em completa submissão". Essa troca de comando requer um comprometimento profundo e sincero por parte daquele que se rende ao senhorio de Cristo sobre os seus pensamentos. O próprio Paulo, escrevendo aos Coríntios, admite que ele também enfrentava uma batalha nesse aspecto, não apenas na sua própria vida, mas em favor da igreja:

> Embora sejamos humanos, não lutamos conforme os padrões humanos. Usamos as armas poderosas de Deus, e não as armas do mundo, para derrubar as fortalezas do raciocínio humano e acabar com os falsos argumentos. Destruímos todas as opiniões arrogantes que impedem as pessoas de conhecer a Deus. Levamos cativo todo pensamento rebelde e o ensinamos a obedecer a Cristo. (2 Coríntios 10.3-5)

A linguagem utilizada por ele remete a uma guerra. Há uma batalha em andamento e ela acontece sobretudo na mente humana. De um lado, a natureza pecaminosa do nosso próprio coração forma uma aliança com o sistema corrupto deste mundo e com o Diabo – cuja principal arma é a mentira, a distorção da verdade para enganar e corromper (João 8.44). Do

---

[2] TOZER, A. W. **Em Busca de Deus**: Minha Alma Anseia por Ti. 1ª Edição. São Paulo: Vida, 2017.

outro, a nova criação, a nova mente redimida em Jesus e habitada pelo Espírito Santo, o qual forma em nós a mente do próprio Cristo. Aliás, a afirmação encontrada em 1 Coríntios 2.16 sempre me intrigou: "[...] nós temos a mente de Cristo". A razão de me sentir intrigado é a certeza que tenho de que muitos dos pensamentos que passam pela minha mente nunca passaram pela mente de Cristo. Acredito que essa passagem aponta para quem podemos ser, para o convite de Jesus para nos tornarmos como Ele. É uma declaração a respeito do acesso que nos foi dado à semelhança do nosso Salvador, que se faz realidade quando começamos a pensar como Ele. Temos acesso à Sua mente e por isso a nossa pode se tornar semelhante à dele.

Esse convite feito por Paulo é para nos rendermos ao controle de Jesus, a fim de que Ele mesmo ocupe nossa mente. E a maneira de fazemos isso nos remete de volta a Efésios 3.12: "Por meio da fé em Cristo, agora nós, com ousadia e confiança, temos acesso à presença de Deus". Por causa do que Jesus fez por nós na Cruz e por causa da fé que temos n'Ele, podemos entrar na presença de Deus. E mais, podemos entrar sem medo, julgamento ou condenação, mas com ousadia e confiança. Podemos entrar como filhos na presença do nosso Pai.

De fato, em Jesus, temos a garantia de livre acesso a Deus. Essa não é mais a questão. A questão é saber se Ele tem livre acesso a nós. Afinal, embora possamos, na teoria, nos aproximar dele, pode ser que estejamos criando barreiras e impedindo que ele se aproxime de nós. Isso, porque uma mente cheia de coisas que não combinam com Jesus é como uma estrada obstruída com os destroços de um acidente. Ela tem todo o potencial para que viajemos com tranquilidade: o asfalto está novo, a pintura sinaliza corretamente o caminho, o traçado permite que o carro faça as curvas em segurança e as placas garantem um tráfego livre de risco. No entanto, todo esse potencial de nada vale se a estrada estiver obstruída, pois não haverá como passar. O mesmo acontece com a nossa mente. Se já nascemos de novo e estamos em Cristo, temos o Espírito Santo em nós e Ele nos assegura livre acesso a Deus. Contudo, aquilo que consumimos é o que ganha a nossa atenção e, consequentemente, o nosso coração. E quando isso é diferente do que Jesus propõe e deseja, a estrada fica bloqueada para que Ele venha até nós e entre em nossas mentes.

Apesar disso, a boa notícia é que essa estrada é de mão dupla. Um caminho está fechado, mas o outro continua livre. O sacrifício de Cristo garantiu para sempre, enquanto vivermos neste mundo, o nosso acesso direto ao Pai por meio da fé. Podemos a qualquer instante desobstruir a passagem e deixar que o Espírito de Deus novamente preencha e inunde os nossos pensamentos. Podemos retirar os destroços dos acidentes que causamos ou sofremos ao longo do percurso, pedir ajuda e recomeçar.

Assim, somos desafiados a pensar mais, a investir mais tempo conhecendo e refletindo a respeito do que conhecemos. Precisamos pensar, conhecer e então refletir Jesus. O caminho para isso é reformar, renovar e transformar a nossa mente. De novo, o especialista no assunto é o apóstolo Paulo:

> Não imitem o comportamento e os costumes deste mundo, mas deixem que Deus os transforme por meio de uma mudança em seu modo de pensar, a fim de que experimentem a boa, agradável e perfeita vontade de Deus para vocês. (Romanos 12.2)

Deixe Cristo entrar em sua mente. Abra-se para aquilo que levará você à presença d'Ele. Retire da sua cabeça tudo aquilo que obstrui o acesso do Senhor a ela. Como vemos em Colossenses 3.2, o homem cuja mente se parecia com a mente de Cristo nos ensina como fazer: "pensem nas coisas do alto, e não nas coisas da terra". Quando formos decidir o que ocupará nossa vida, pensemos em coisas melhores e maiores. Devemos escolher aquelas que combinam com o Céu, com a eternidade e com Deus.

Em Filipenses 4.8, Paulo nos ensina mais uma vez, de maneira prática, como podemos desenvolver a mente de Cristo. Na linguagem de Eugene Peterson, na versão *A Mensagem*, Paulo afirma:

Resumindo, amigos, o melhor que vocês têm a fazer é encher a mente e o pensamento com coisas verdadeiras, nobres, respeitáveis, autênticas, úteis, graciosas [...] O melhor, não o pior; o belo, não o feio. Coisas para elogiar, não para amaldiçoar.

Sonho com o dia em que o meu primeiro pensamento ao acordar pela manhã e meu último antes de dormir será Jesus, porque todos os outro ao longo do dia foram a respeito d'Ele. Anseio por corações tão apaixonados por Cristo que não saberemos pensar ou refletir a respeito de nada que O ofenda, ignore ou traia; com relacionamentos permeados pela presença d'Ele, de tal forma que as conversas, as risadas e as brincadeiras serão como canções que alegrarão o coração do Pai porque refletirão a pessoa e a natureza do Filho. Sonho, enfim, com uma igreja que, por se deixar guiar pela mente de Cristo, que é o Cabeça, encherá o mundo com a plenitude da Sua presença (Efésios 1.22-23). Não basta, porém, sonhar. É preciso também pensar. **Deixe Jesus entrar na sua mente para que você tenha a mente de Jesus.**

Meditar e orar

Que as palavras da minha boca e a meditação do meu coração sejam agradáveis a ti, Senhor, minha rocha e meu redentor! (Salmos 19.14)

Capítulo 2

ORAR
Minha postura corporal importa?

Deus fez do tempo algo sagrado, e não do espaço, como os outros deuses funcionam. Tudo o que você precisa fazer para encontrá-lo é parar por um momento.

(John Mark Comer)

Depois de ajustarmos nossa maneira de pensar e de redefinirmos o foco dos nossos pensamentos para que Jesus seja a essência de tudo aquilo que ocupa nossa vida, precisamos pensar sobre o papel da oração no processo de nos tornarmos semelhantes a Ele. Seguimos com Paulo em Efésios: "Quando penso em tudo isso, **caio de joelhos e oro ao Pai**, o Criador de todas as coisas nos céus e na terra" (Efésios 3.14 – grifo do autor). O apóstolo revela que aquilo que preenchia sua mente – ou seja, a realidade de que, por meio da fé em Jesus, temos livre acesso a Deus – o levava a uma ação muito específica: cair de joelhos e orar.

Se pararmos para pensar, essa sequência faz todo sentido. Paulo está pensando na possibilidade de entrar na presença do Senhor com ousadia e confiança por meio da fé em Jesus. Por conta disso, o próximo passo a ser dado deve ser o de desfrutar esse novo caminho por meio da oração. Entretanto, infelizmente não é isso o que nós costumamos fazer. Como consequência de não focarmos nossos pensamentos de modo prioritário em Jesus, acabamos também não orando tanto quanto gostaríamos ou como deveríamos. Nosso tempo com Deus não parece ter o mesmo fervor e senso de urgência que vemos no apóstolo, a ponto de ele não se conte, mas se prostrar de joelhos em adoração para clamar ao Pai. E perceba: o seu clamor nem foi em favor de si mesmo, mas da igreja.

É como se Paulo não pudesse resistir ao impulso de expressar, até mesmo fisicamente, o desejo de acessar a presença de Deus pelo "novo e vivo caminho" (Hebreus 10.20) disponibilizado pelo altíssimo preço que foi o sacrifício de Jesus na cruz. Sua reação revela-se, na medida do possível, compatível com a grandeza da revelação que ele havia recebido. Há intensidade, paixão, quase um desespero que se torna palpável à medida que lemos a sua narrativa. Ele entendeu como poucos o significado desse sacrifício, e decidiu não desperdiçar os benefícios que resultaram dele. Por isso, orou em favor de outros, para que toda a igreja pudesse alcançar a dimensão do valor daquilo que Cristo nos oferece: livre acesso à presença de Deus.

Mais do que entender racionalmente quem Jesus é e o que Ele fez, precisamos permitir que essa mente permeada pela realidade da pessoa e da obra de Cristo mude nossas atitudes, nosso comportamento e até mesmo nossa postura corporal. Creio que Deus espera ver pessoas tão preenchidas pela incomparável compreensão do que a cruz significa que não veem outro caminho, senão prostrarem-se para adorar e se dirigirem ao seu Pai. Não faz sentido algum entender o tipo de acesso a Deus que nos foi oferecido e não fazer nada a respeito disso, não se apressar em se lançar diante d'Ele.

Alguns anos atrás, três amigos e eu estávamos em um teatro, conhecendo o espaço para um possível evento da juventude da nossa igreja. Depois de checarem o subsolo, eles estavam subindo as escadas para retornarem ao auditório principal, onde eu estava. Ouvindo as vozes cada vez mais próximas, como um bom amigo, corri para me esconder atrás de uma cortina que dava acesso ao auditório, preparado para dar um susto quando eles chegassem. O detalhe é que aquela não era a única cortina. Havia outra logo atrás de mim, que eu, obviamente, não havia visto. Quando eles chegaram conversando, quem levou o susto fui eu. Dei um grito e acabei assustando os três também, ou seja, o plano deu mais ou menos certo. O resultado foi os quatro caindo no chão, literalmente, de tanto rir.

Da mesma forma, há momentos na nossa vida em que a única reação possível é literalmente cairmos no chão. É inevitável e irresistível. Às vezes, pode acontecer como consequência de presenciarmos uma cena cômica. Contudo, pode ser também a única posição viável diante de uma tragédia.

Deus ouve nossas orações independentemente da posição em que nos encontramos: se estamos em pé, sentados, deitados, ou enquanto corremos, dirigimos, tomamos banho e trabalhamos. Ele escuta tudo aquilo que compartilhamos, mas há momentos nos quais que não podemos fazer nada além de nos prostrarmos perante a Sua presença. Percebemos essa reação no apóstolo Paulo, quando, impactado pela realidade de quem é Jesus, ele cai de joelhos para então se dirigir ao Pai.

É maravilhoso desfrutar a liberdade de acessar a presença do Senhor a todo momento e orar em toda e qualquer situação e posição, sabendo que Ele já nos aceitou e tem prazer em nos ouvir, por causa do que Jesus fez em nosso favor. Ele é o nosso Pai e deseja um relacionamento íntimo, livre e próximo conosco. Por conta disso, não precisamos cumprir nenhum ritual nem pré-requisito para entrarmos na presença d'Ele, assim como não precisamos marcar horário para nos aproximarmos dos nossos pais biológicos. Por sermos filhos, temos livre acesso a todo momento. No entanto, essa liberdade não deve nos impedir de, em alguns casos, nos lançarmos aos pés daquele que é o nosso Pai, e é também o Deus todo-poderoso, Criador dos Céus e da Terra, o único capaz de transformar o nosso coração e o coração de todas as pessoas pelas quais oramos e intercedemos.

Em certas ocasiões, o impacto da presença manifesta de Deus inundando nossa mente precisa ser suficiente para nos fazer cair de joelhos diante d'Ele em oração e adoração. Precisamos nos deixar prostrar diante de Deus.

Essa prática de se ajoelhar para orar já foi muito mais comum na vida cristã do que parece ser hoje em dia. Talvez por rejeitar uma ideia de excessiva religiosidade, nossa geração prefere enfatizar, ao menos no círculo que costumo frequentar, a liberdade para pular, dançar, erguer as mãos e cantar na presença do Senhor.

Atualmente as orações costumam ser feitas por pessoas em pé ou sentadas, e poucos são os momentos, ao menos nas reuniões públicas da igreja, em que nos posicionamos de joelhos. Tenho a impressão – falando por experiência própria – de que as ocasiões em que fazemos isso na vida privada são ainda mais raras.

Como já vimos, o ato de se ajoelhar não tem, em si mesmo, nenhum poder mágico ou especial. Fazer isso simplesmente por tradição ou religiosidade é vazio e sem sentido. E a liberdade que temos para nos alegrarmos na presença de Deus deve mesmo ser encorajada e celebrada!

No entanto, talvez seja necessário redescobrirmos a reverência que é devida em alguns momentos quando estamos na presença de um Deus totalmente santo.

Não uma reverência que afasta, mas uma reverência que encurva, que quebranta e aproxima o coração enquanto dobra os joelhos. A Bíblia registra diversas pessoas que caíram de joelhos diante de Deus em momentos específicos de suas vidas e podemos aprender, com seus exemplos, o que as fez agirem assim.

Prostrar-se em tempos de perseguição e ameaça

Uma dessas pessoas foi Daniel. Ele era um jovem hebreu que havia sido levado como escravo à Babilônia, na época do reinado de Nabucodonosor. Mesmo exilado, Daniel tinha o hábito de orar a Deus. Embora servisse no palácio real, ele voltava todos os dias à sua casa e ali, com a janela aberta, voltado em direção ao templo de Jerusalém, ele orava três vezes por dia.

Certo dia, alguns membros do governo babilônico, motivados por inveja em razão de Daniel ser o mais sábio entre eles, convenceram o rei a emitir um decreto que proibia todo ato de adoração ou reverência a divindades que não fossem o próprio imperador. Ao saber que ele estava agora legalmente impedido de se dirigir ao Deus de Israel, Daniel simplesmente fez aquilo que ele sempre fazia: foi até sua casa, ajoelhou-se no quarto e, com as janelas abertas, orou e deu graças ao Senhor (Daniel 6.10). E continuou a fazer isso, como era sua prática, três vezes por dia. No fim dessa história, vemos que, por conta de sua decisão de continuar buscando a Deus, Daniel foi denunciado e, na sequência, lançado na cova de leões, onde recebeu proteção e livramento de modo sobrenatural.

Em meio à perseguição, Daniel caiu de joelhos e orou Àquele que tinha poder para livrá-lo. No entanto, não fez isso simplesmente por medo de ser devorado por leões, mas porque era o que já fazia nos tempos de liberdade e "sucesso", nos quais desenvolveu o hábito de se prostrar diariamente – ou melhor, três vezes por dia – diante do seu Senhor. E nem mesmo uma ameaça tão grave como aquela foi capaz de intimidar alguém que tinha esse tipo de relacionamento com Deus.

Prostrar-se diante da presença manifesta de Deus

Mas não é somente em situações de risco ou ameaça que encontramos pessoas ajoelhadas diante de Deus. Um encontro com a Sua presença, manifesta em um ambiente repleto da Sua glória, também levou o povo de Israel a cair de joelhos em adoração e reverência, como lemos em 2 Crônicas 7. O contexto dessa história refere-se ao momento da consagração do templo construído por Salomão, finalizado em todo o seu esplendor. Aquela obra longa, complexa e cara estava concluída, e agora o povo invoca a presença de Deus para habitar a Sua nova "casa".[1]

Quando todos os israelitas viram o fogo descer e a presença gloriosa do Senhor encher o templo, **prostraram-se com o rosto no chão**, adoraram e louvaram o Senhor, dizendo: "Ele é bom! Seu amor dura para sempre!". (2 Crônicas 7.3 – grifo do autor)

Imagine a situação. Depois de tanto esforço empreendido e dinheiro gasto, o templo estava finalmente pronto, e agora a primeira coisa que acontece é fogo descer do céu sobre ele. Entretanto, Deus não permitiu que Sua presença – também revelada como fogo consumidor, segundo Hebreus 12.29 – destruísse o templo. Ao contrário, era um sinal visível da Sua presença invisível preenchendo aquele lugar de adoração. A única reação possível diante de uma cena como essa é a que os israelitas tiveram: caíram de joelhos e, com o rosto no chão, oraram e adoraram a Deus, exaltando sua bondade e seu amor.

---

[1] A Bíblia é clara ao afirmar que Deus não tem um endereço fixo e não habita tendas ou templos feitos por mãos humanas; no entanto, Deus habita no meio dos louvores do seupovo, por isso lugares consagrados para a finalidade de adoração e invocação a Deus podem servir de palco para que ele revele sua presença e sua glória, como tem ocorrido ao longo da história.

Prostrar-se em sinal de arrependimento e confissão

Outra situação em que frequentemente encontramos pessoas ajoelhadas em oração é quando desejam demonstrar quebrantamento e humilhação por conta de pecados cometidos, seja por elas mesmas ou por um grupo que representam (família, igreja ou mesmo uma nação). Nesse caso, a postura corporal evidencia a postura do coração, que se permite quebrar e sofrer pela dor da consciência de que feriu o coração de Deus. Corações quebrantados produzem pessoas ajoelhadas. Exemplo disso pode ser encontrado na história de Esdras e do retorno do povo de Israel à sua terra após o exílio na Babilônia. Esdras foi um líder levantado por Deus para promover uma reforma religiosa em Israel, num tempo de extrema dificuldade e miséria decorrentes do pecado da nação, que culminou com a opressão causada por seus inimigos.

No livro de Esdras, capítulo 9, vemos esse líder deparando-se com a realidade desastrosa decorrente do pecado de Israel, após receber notícias acerca da situação em que os israelitas que haviam permanecido em Jerusalém se encontravam.

Os versos 5 e 6 de Esdras 9 registram qual foi a sua atitude na sequência:

Na hora do sacrifício, levantei-me de onde havia sentado em lamentação, com as roupas rasgadas. **Caí de joelhos**, ergui as mãos ao Senhor, meu Deus, e orei: "Ó meu Deus, estou profundamente humilhado e tenho vergonha de levantar meu rosto para ti. Pois nossos pecados se elevam acima de nossa cabeça, e nossa culpa chegou até os céus". (grifo do autor)

Esdras tinha tanta clareza a respeito da culpa do seu povo diante da quebra da aliança feita com Deus que se deixa quebrantar e cair de joelhos para confessar – veja, não apenas os seus próprios pecados, mas os pecados daqueles que, com ele, faziam parte do povo escolhido por Deus para levar o seu nome e brilhar a sua luz em meio às nações. Isso me faz pensar se não deveríamos também, com alguma frequência, sentir tristeza e vergonha por conta dos nossos pecados (individuais e coletivos, como povo de Deus e Igreja de Jesus) a ponto de nos humilharmos e nos ajoelharmos diante de d'Ele em confissão.

É verdade que Cristo nos chamou das trevas para a luz, e que já não há condenação para aqueles que estão n'Ele (Romanos 8.1). Glória a Deus! Mas é também verdade que, mesmo tendo a revelação completa de quem Jesus é e do que fez por nós (diferentemente de Esdras, que tinha apenas a promessa futura do Messias que viria a redimir Israel), ainda assim pecamos contra o Senhor e tratamos nossos pecados com certa naturalidade, como se, por conta da graça, eles não mais ofendessem a santidade do Deus que é absolutamente santo.

É esse mesmo Deus que nos chama para sermos santos, porque Ele é santo (1 Pedro 1.15). E é o Novo Testamento que nos exorta a nos humilharmos diante de Deus (1 Pedro 5.6) e a confessarmos os nossos pecados, crendo que Ele é fiel e justo para nos perdoar e purificar (1 João 1.9).

Prostrar-se como resultado de desespero

Você consegue imaginar uma mãe cujo filho esteja gravemente machucado, sangrando, à beira da morte, aproximando-se de um médico que está próximo ao local do acidente e dizendo, pausada e controladamente: "Boa tarde, doutor. Como vai a família? Correu tudo bem lá no hospital hoje? Que bom. Fico feliz. E a agenda tem estado muito movimentada? Pois é, esse surto de gripe está complicado mesmo. Ainda bem que agora tem a vacina. Então, doutor, gostaria de saber – claro, se não for muito incômodo – se o senhor poderia dar uma olhada no meu filhinho. Ele sofreu um acidente e parece que a situação é séria. Sem querer atrapalhar, mas quando possível o senhor dá uma passadinha para olhar a cabeça dele que está sangrando? Obrigada, viu?!".

A cena é, obviamente, ridícula. Nenhum pai ou mãe faria isso. A conversa seria breve, direta, imperativa e cheia de volume e intensidade. Talvez o médico fosse agarrado e levado à cena do acidente, ou os pais implorassem em caso de negativa, agarrando-se a um fio de esperança que ainda resta e usando todos os recursos possíveis na tentativa de convencer de que há algo que pode ser feito. "Meu filho está morrendo! Você PRECISA vir comigo AGORA!".

O desespero altera nossa postura corporal, nosso tom de voz, nossa disposição de fazermos coisas que, em situações normais, jamais teríamos coragem de fazer. O desespero dobra nossos joelhos.

Em Mateus 17.14-16, vemos Jesus descendo do monte com seus discípulos depois do episódio da transfiguração e acontece então o seguinte:

> Ao pé do monte, uma grande multidão os esperava. Um homem veio, **ajoelhou-se diante de Jesus e disse**: "Senhor, tenha misericórdia de meu filho. Ele tem convulsões e sofre terrivelmente. Muitas vezes, cai no fogo ou na água. Eu o trouxe a seus discípulos, mas eles não puderam curá-lo". (grifo do autor)

Não é surpreendente o fato de que esse pai, ao ver Jesus, se ajoelhou diante dele para pedir ajuda. Quem está desesperado dificilmente conseguirá fazer orações educadas, com palavras bonitas e voz empostada, nem deixa para somente aos domingos, ou antes das refeições, muito menos pensa em diferentes explicações teológicas pelas quais a sua oração merece ser atendida. Quem está desesperado chora e grita, ao mesmo tempo em que engole palavras e se engasga com as lágrimas. Prostra-se e insiste até receber misericórdia.

O texto, na sequência, revela que havia um espírito maligno causando essa enfermidade e tentando matar aquela criança, e Jesus o expulsa, curando o garoto. A angústia daquele homem pode ter sido constrangedora por um momento, mas abriu as portas para uma alegria indescritível que duraria o resto da sua vida. Porque não há lugar melhor para nos desesperarmos do que diante da presença de Jesus. Ele é o único que não apenas entende o nosso desespero, mas que tem poder para fazer algo a respeito e transformar as situações que nos desesperam, sejam elas quais forem: enfermidades, lutas espirituais, problemas financeiros, relacionamentos quebrados. Jesus nos ama e tem poder suficiente para reverter qualquer situação, por mais irreversível que pareça.

Prostrar-se em busca de um milagre

Em Atos 9.40, lemos acerca de quando Pedro foi chamado à cidade de Jope por conta da morte de uma discípula chamada Tabita, que era muito querida por toda aquela comunidade. Chegando ao local onde o corpo dela estava, "Pedro pediu que todos saíssem do quarto. Então, ajoelhou-se e orou. Voltando-se para o corpo da mulher, disse: 'Tabita, levante-se', e ela abriu os olhos".

Perceba: seja nessa história ou em qualquer outro caso, os milagres não acontecem porque alguém se ajoelhou para orar. Isso não produz um poder especial, nem necessariamente reflete uma fé maior do que a das pessoas que oram em pé ou sentadas. Não se trata do ato em si, mas sim do *motivo pelo qual fazemos isso*. Porque Pedro precisava de um milagre, ele se ajoelhou. A postura reflete o que vai no coração: a necessidade, o clamor, a exaltação da glória de Deus que precisa invadir um espaço ou uma situação. Diante de situações humanamente impossíveis, o mais lógico e natural a se fazer é simplesmente prostrar-se diante do único para o qual nada é impossível.

Prostrar-se em adoração [compulsória ou voluntária]

Em meio à cultura dos nossos dias, que exalta as liberdades individuais e rejeita qualquer noção de autoridade ou obrigatoriedade, falar em adoração compulsória é indiscutivelmente ofensivo. Mas, na falta de um termo melhor, penso que ele descreve razoavelmente bem o que um dia acontecerá. Haverá um dia em que todos, sem exceção, terão de se ajoelhar. Não haverá alternativa, de fato, a não ser cair de joelhos.

Não por um ato espontâneo, livre e extravagante de reconhecimento e louvor, mas porque será impossível permanecer de pé diante da glória daquele que "[...] habita em luz tão resplandecente que nenhum ser humano pode se aproximar dele" (1 Timóteo 6.16). Veja o que apóstolo Paulo escreve em Filipenses 2.9-11:

> Por isso Deus o elevou ao lugar de mais alta honra e lhe deu o nome que está acima de todos os nomes, para que, ao nome de Jesus, **todo joelho se dobre, nos céus, na terra e debaixo da terra**, e toda língua declare que Jesus Cristo é Senhor, para a glória de Deus, o Pai. (grifo do autor)

Porque, naquele dia, até os joelhos de Satanás terão de se dobrar (Satanás tem joelhos? Pergunta aleatória; não gaste nem 10 segundos tentando responder – mas eu acho que ele tem, justamente para poder usar nesse dia). Para alguns, será fácil, incrível e maravilhoso. Será algo natural, pois estarão na posição em que passaram boa parte de suas vidas, ou de seus momentos de intimidade com o Pai – pedindo por livramento das perseguições, constrangidos diante da presença manifesta da sua glória, expressando suas dores e seu desespero, confessando seus pecados ou clamando por milagres. Por outro lado, para outros, será assustadoramente triste. Porque será a primeira e única vez em que se ajoelharão. E não será nada fácil fazê-lo, depois de uma vida inteira vivida orgulhosamente em pé, sem se dobrar diante da esmagadora realidade de quem Jesus é.

Não recomendo que você espere até esse dia para se ajoelhar. Espero que você e eu sejamos encontrados de joelhos antes disso, porque naquele dia será tarde demais. Essa adoração compulsória será no contexto do julgamento e da condenação. Para aqueles que se ajoelharem voluntariamente antes desse dia, no entanto, a cena será outra. Mais do que joelhos prostrados, a vida de quem ama Jesus e vive para ele é vivida com o coração prostrado. Rendido, entregue, grato e feliz. Essa vida começa aqui e continua por toda a eternidade, com a incomparável alegria de se prostrar daquele que é digno de receber toda a honra e toda a glória, para sempre e sempre, amém!

O apóstolo João, no livro de Apocalipse, registra uma visão que ele teve do céu, e, como parte dessa visão, há quatro "seres viventes" posicionados diante do trono de Jesus. Não sabemos ao certo quem eles são, mas sabemos o que eles fazem: continuamente, dia e noite, adoram a Jesus. Na sequência do texto, em Apocalipse 4.9-11, encontrarmos outros personagens nessa cena espetacular, chamados de 24 anciãos. Esses são aparentemente figuras de liderança da história de Israel e/ou da Igreja e que governam, com Jesus, a nova Jerusalém, o reino de Deus entre os homens. Há diferentes leituras a respeito desse assunto, mas independentemente de quem sejam essas pessoas, a cena é simplesmente chocante:

> Cada vez que os seres vivos dão glória, honra e graças ao que está sentado no trono, àquele que vive para todo o sempre, os 24 anciãos **se prostram e adoram** o que está sentado no trono, aquele que vive para todo o sempre. Colocam suas coroas diante do trono e dizem: "Tu és digno, ó Senhor e nosso Deus, de receber glória, honra e poder. Pois criaste todas as coisas, e elas existem porque as criaste segundo a tua vontade". (grifo do autor)

Perceba a conexão: os seres viventes adoram continuamente a Deus! De novo, e de novo, e de novo, para sempre, essas criaturas fazem isso (de acordo com Apocalipse 4.8, "dia e noite, sem parar"). E João viu que, em todas essas vezes em que os seres viventes fazem isso, os anciãos se unem à adoração ajoelhando--se, colocando suas coroas diante do trono e exaltando aquele que é digno "de receber glória, honra e poder". O céu, por toda a eternidade, de joelhos!

Simplesmente não há tempo suficiente na eternidade para que Deus receba todo o louvor do qual ele é digno. Por isso, há pessoas / criaturas / seres celestiais cuja missão é, dia e noite, por todo o sempre, renderem suas coroas diante dele e declararem sua beleza, justiça e bondade. Nada no texto indica que essa missão seja compulsória. Ao contrário. À medida que lemos, nosso

69

coração parece ser contagiado com a mesma alegria e o mesmo desejo de louvar e engrandecer ao Deus que nos salvou por meio do sacrifício do seu próprio Filho. Que amor incrível Ele tem por nós! Que prazer experimentamos ao adorá-lo e reconhecê-lo! Essa foi também a experiência do autor do Salmo 84:

> Como é agradável o lugar de tua habitação, ó Senhor dos Exércitos! Sinto desejo profundo, sim, morro de vontade de entrar nos pátios do Senhor. Com todo o meu coração e todo o meu ser, aclamarei ao Deus vivo. Até o pardal encontra um lar, e a andorinha faz um ninho e cria seus filhotes perto do teu altar, ó Senhor dos Exércitos, meu Rei e meu Deus! Como são felizes os que habitam em tua casa, sempre cantando louvores a ti!

Um dia, todos irão se ajoelhar. A pergunta não é se você irá. A pergunta é por quê. Porque não haverá opção diante do julgamento iminente? Ou porque você viu o que João viu e experimentou o que ele experimentou, e o que todo o Céu e toda a criação experimentam, unindo-se como um grande coral para declarar as maravilhas do Criador e a salvação recebida em Cristo? Deixar Jesus entrar na nossa vida é uma realidade que começa na mente, com aquilo que ocupa nossos pensamentos. Mas essa realidade precisa descer e alcançar nossos joelhos, fazendo-os bambearem e se dobrarem diante da constatação de que estamos diante de ninguém menos do que do próprio Deus.

Quando foi a última vez em que você caiu de joelhos diante de Deus?

Meditar e orar

Estou prostrado no pó; restaura minha vida com a tua palavra. (Salmos 119.25)

Capítulo 3

CONTEMPLAR
Preciso ver para ~~crer~~ conhecer

Cristãos são pessoas que permitem com que a realidade de Jesus mude tudo a respeito de quem eles são, de como eles veem e de como eles vivem.

(Timothy Keller)

O processo de transformação em direção à semelhança de Cristo passa por pensamento, oração e também contemplação. Na carta aos Efésios, vemos o seguinte: "Quando penso em tudo isso, caio de joelhos e oro ao Pai, o Criador de todas as coisas nos céus e na terra" (Efésios 3.14). Depois de pensar em tudo o que Jesus nos proporcionou, a resposta de Paulo a essa realidade foi cair de joelhos em oração, e assim ele encerra esse verso definindo quem é Aquele a quem se dirige em seu tempo no secreto.

Esse versículo não trata de uma mera definição. O tom e o ritmo dessa passagem apontam para uma exaltação, uma qualificação intencional a respeito de quem é esse Deus. Isso quer dizer que Paulo não está falando com qualquer pessoa, ou iniciando um processo de pensamento positivo ou de mentalização de realidades que ele deseja ver implementadas em nossas vidas, mas ele está clamando Àquele em quem depositou sua confiança. Por isso, não se trata de uma fé genérica, abstrata e incerta numa ideia ou num conceito de divindade. Ele está se dirigindo ao único e verdadeiro Deus, nosso Pai e Criador de todas as coisas. É como se, ao descrever sua maneira de orar, o apóstolo parasse por um momento para observar, lembrar e contemplar.

Eu nasci em Brasília (sim, pessoas nascem aqui), e como quase todo brasiliense, já presenciei a cena em que uma pessoa – geralmente um adolescente ou jovem – é pega por alguma besteira que fez num ambiente público (um restaurante, bar ou talvez uma blitz da polícia) e tenta se safar dizendo: "Você não sabe quem é o meu pai!". Parece que Paulo usa aqui uma abordagem parecida, embora "santificada", porque ele sabia quem era seu Pai e o quão poderoso Ele é. Ao lermos isso, somos ainda hoje lembrados de que o poder da oração não está em sua duração ou no conjunto das belas palavras que usamos, mas sim em seu destinatário.

Esse Deus, embora tão grande, tem prazer em nos ouvir porque deseja manter um relacionamento de intimidade com nós. Ele quer que O conheçamos a fim de que, com o passar do tempo, nos pareçamos cada vez mais com Ele. Afinal, é apenas lógico que os filhos se pareçam com seus pais.

Contemplar é essencial para conhecer. Preciso observar aquilo que desejo compreender. Contemplar, por isso, é mais do que apenas olhar, como alguém que rapidamente passa os olhos por uma imagem e logo se esquece do que viu. Contemplar requer um tipo especial de olhar, mais demorado e desapressado. Um olhar fixo, atento, interessado. Um olhar que vê.

A contemplação enquanto disciplina espiritual encontra-se quase esquecida no contexto cristão atual – especialmente evangélico ou protestante. Parece referir-se apenas a uma prática ultrapassada, exercitada por monges em lugares afastados da vida social, ou à qual se dedicam hoje somente os adeptos da religiões ou filosofias orientais, ou ainda os naturalistas ou os panteístas. No entanto, a contemplação sempre teve um lugar de destaque na espiritualidade judaico-cristã. Conforme define John Piper, toda disciplina espiritual é "um fazer certo que leva a um ser certo"[1]. Assim, podemos dizer que certas práticas que adotamos na nossa vida têm o poder e a capacidade de nos levar a sermos as pessoas certas, ou seja, as pessoas que Deus deseja que sejamos.

Contudo, assim como todo novo hábito, essa transformação não acontece da noite para o dia, mas ao longo do tempo e mediante prática e repetição. É necessário disciplinar não apenas o espírito, mas

---

[1] PIPER, John. **Buscando uma paixão por Deus por meio das disciplinas espirituais**: aprendendo com Jonathan Edwards. Tradução do autor. Disponível em *https://www.desiringgod.org/messages/pursuing-a-passion-for-god-through-spiritual-disciplines-learning-from-jonathan-edwards*. Acesso em outubro de 2019.

também o corpo (por isso o termo disciplina "espiritual", embora seja amplamente utilizado, não me parece tão adequado; nosso ser por inteiro precisa ser envolvido na prática das disciplinas; por isso alguns preferem se referir a esse conjunto de disciplinas como as "práticas de Jesus", ou "a prática do caminho de Jesus", caso, por exemplo, do Pastor John Mark Comer[2]). O alvo, no entanto, não é a disciplina em si, mas o resultado que ela proporciona, que é fazer do discípulo alguém mais parecido com o seu Mestre, ou do Filho em alguém mais parecido com o seu Pai. E essa é uma jornada de uma vida, não de um domingo ou de um mês cheio de atividades religiosas, cultos ou eventos impactantes. Seguir Jesus é uma decisão que custa e que vale uma vida inteira. No entanto, temos muita dificuldade de encaixar a prática de contemplar a Deus nesses tempos de um ritmo de vida acelerado, especialmente nas grandes cidades, onde estamos sempre apressados e atrasados para algum compromisso, incessantemente conectados com o mundo, mas, curiosamente, desconectados de Deus, de nós mesmos e até uns dos outros.

Certamente devemos viver de maneira ativa e produtiva, buscando estudar, trabalhar, construir e muito mais, afinal isso faz parte do chamado de Deus

---

[2] O Pastor John Mark Comer e a Bridgetown Church seguem um interessante programa de estudo e prática do caminho de Jesus como um processo intencional de formação espiritual. As mensagens e outros recursos podem ser encontrados em *practicingtheway.org*.

para nós. Entretanto, não podemos limitar nossos dias a um mero ativismo. O antídoto para isso é uma compreensão adequada da espiritualidade como algo tanto ativo, pois requer participação comprometida e esforço dedicado, como também passiva, ou seja, um "deixar fazer" que permite a transformação que somente o Espírito pode operar em nós. Somos chamados para fazer algo para Deus e para nos tornarmos parecidos com Ele. Por essa razão a contemplação é uma das "práticas" que nos posicionam para receber esse agir transformador do Espírito, que nos leva a nos tornarmos como Jesus, requerendo de nós apenas olhos suficientemente abertos, mente suficientemente atenta e coração suficientemente disposto a receber os frutos decorrente do que vemos, entendemos e experimentamos ao contemplarmos nosso Pai.

Podemos dizer que a contemplação é uma experiência mais prolongada e profunda de meditação, baseada no amor e na gratidão a Deus. Porque, se eu O amo, e sou grato a Ele por quem Ele é e por tudo o que faz por mim, naturalmente desejo estar perto dele! Quero ver, admirar, exaltar e quero conhecer. Eu amo minha esposa mais do que qualquer outra pessoa nesse mundo (exceto Jesus, calma). E, por me sentir assim, quero estar perto dela o tempo todo. Não me canso de sua presença nem fico entediado com sua voz e muito menos sinto que nos falta assunto para conversar. E isso se deve simplesmente ao fato de que o meu amor por ela me faz querer conhecê-la mais e melhor a cada dia. Então, se sentimos isso em relação a pessoas imperfeitas como nós, como deveríamos e poderíamos nos sentir em relação ao contemplarmos Aquele que é perfeito e cujo amor por nós é incondicional, infalível e eterno?

Parte essencial de ser um cristão é ver Jesus. Se eu não O vejo, tudo que eu fizer, ainda que em Seu nome, apresentará distorções. Não irá refletir apropriadamente Sua imagem, simplesmente porque não vejo essa imagem de modo claro o suficiente para ser capaz de reproduzi-la. O tipo de relacionamento que Paulo tinha com Deus parece ser o de alguém que anda lado a lado, que conversa face a face, que se parece porque conhece, que entende porque ouve, que fala do que vê. Alguém que tinha experiências mais prolongadas e profundas, firmadas no amor e na gratidão ao seu Senhor, e que o levaram a conhecê-lo intimamente. O apóstolo conseguia, de alguma forma, enxergar aquele a quem orava. Afinal, ele orava ao seu Pai.

Paulo entendia que estava investindo seu tempo em algo muito maior que sua própria vida. Ele não apenas reconheceu em Deus o seu Pai, mas também o Senhor e Criador de tudo que existe. E, embora a compreensão da paternidade divina seja um dos elementos mais essenciais para desenvolvermos uma vida cristã saudável e madura, quero focar minha atenção agora no fato de que Deus é o Criador de todas as coisas e nas consequências desse fato para a prática da contemplação. E um exemplo curioso acerca disso é a vida de Jó.

Mesmo se você não conhece muito a respeito das histórias bíblicas, provavelmente já ouviu falar desse personagem ou já ouviu a frase "ele tem uma paciência de Jó". Em linhas gerais, ele é descrito como um homem íntegro e justo, que buscava fazer o que é certo e honrar a Deus com a sua vida. Apesar disso, por iniciativa de Satanás, foi provado em sua fidelidade. Ele perdeu tudo o que tinha – filhos, bens e sua própria saúde – e se encontrou num estado de miséria e profundo sofrimento (Jó 1.1-22). Os seus amigos acrescentaram à sua dor, uma vez que, incapazes de simplesmente oferecer consolo e suporte, insistiram em culpar Jó e associar a sua dor a algum pecado que, segundo eles, estava oculto e que Jó havia, portanto, falhado em confessar. Mesmo sua esposa deixou de apoiá-lo e ainda o criticou por se manter temente a Deus em meio a tanta desgraça.

Boa parte do livro narra suas discussões com seus "amigos", marcadas por argumentos de ambas as partes no sentido de tentar provar se coisas ruins acontecem – ou não – com pessoas boas. Em sua crise, Jó investigou seu coração e buscou a Deus de todas as formas que podia imaginar para entender as razões do seu sofrimento, sem conseguir chegar a nenhuma resposta que lhe fizesse sentido. A sua pena, ao contrário do que sugeriam seus amigos, não parecia ser consequência de decisões ruins ou pecados ocultos. Ele estava só, e, àquela altura, não sabia mais onde o Senhor estava em meio a tudo aquilo. Então, começa a discutir com o próprio Deus. Com sinceridade e uma boa dose de raiva e sede de justiça própria (e quem de nós pode criticá-lo?), Jó pergunta se Deus não se importa com ele, se não o vê e se não se incomoda com o fato de uma pessoa tão justa estar sendo tão injustiçada. A questão é que Deus é real, é uma pessoa real. E por ser assim não apenas ouve, mas também fala. E Ele ouviu o que aquele homem tinha a dizer, e então decidiu responder (o que nos ensina a também sermos sinceros na presença de Deus e falarmos o que vai no nosso coração, mas também a estarmos dispostos a ouvir o que ele nos dirá em resposta). O Senhor falou com Jó, e disse[3]:

> Então, do meio de um redemoinho, o Senhor respondeu a Jó: "Quem é esse que questiona minha sabedoria com palavras tão ignorantes? Prepare-se como um guerreiro, pois lhe farei algumas perguntas, e você me responderá. Onde você estava quando eu lancei os alicerces do mundo? Diga-me, já que sabe tanto. Quem definiu suas dimensões e estendeu a linha de medir? Vamos, você deve saber. O que sustenta seus alicerces e quem lançou sua pedra angular, enquanto as estrelas da manhã cantavam juntas, e os anjos davam gritos de alegria? Quem estabeleceu os limites do mar quando do

---

[3] Essa é apenas uma parte da resposta de Deus, leia o restante em Jó 38 e 39.

ventre ele brotou, quando eu o vesti com nuvens e o envolvi em escuridão profunda? Pois o contive atrás de portas com trancas, para delimitar seus litorais. Disse: 'Daqui não pode passar; aqui suas ondas orgulhosas devem parar!'. Você alguma vez deu ordem para que a manhã aparecesse e fez o amanhecer se levantar no leste? Fez a luz do dia se espalhar até os confins da terra, para acabar com a perversidade da noite? [...] Você explorou as nascentes do mar? Percorreu suas profundezas? Sabe onde ficam as portas da morte? Viu as portas da escuridão absoluta? Tem ideia da extensão da terra? Responda-me, se é que você sabe! De onde vem a luz, e para onde vai a escuridão? Você é capaz de levar cada uma a seu lugar? Sabe como chegar lá? Claro que sabe de tudo isso! Afinal, já havia nascido antes de tudo ser criado e tem muita experiência! Você alguma vez visitou os depósitos de neve ou viu onde fica guardado o granizo? [...] Onde os relâmpagos se dividem? De onde se dispersa o vento leste? Quem abriu um canal para as chuvas torrenciais? Quem definiu o percurso dos relâmpagos? Quem faz a chuva cair sobre a terra árida, no deserto, onde ninguém habita? Quem envia a chuva para saciar a terra seca e fazer brotar o capim novo? [...] Você é capaz de controlar as estrelas e amarrar o grupo das Plêiades ou afrouxar as cordas do Órion? Pode fazer aparecer no tempo exato as constelações, ou guiar a Ursa e seus filhotes pelo céu? Conhece as leis do universo? Pode usá-las para governar a terra? Pode gritar para as nuvens e fazer chover? Pode fazer os raios aparecerem e lhes dizer onde cair? Quem dá intuição ao coração e instinto à mente?". (Jó 38.1-36)

E, depois dessa "simples" descrição de parte do seu currículo, veio o desafio: "Então o Senhor disse a Jó: 'Ainda quer discutir com o Todo-poderoso? Você critica Deus, mas será que tem as respostas?'" (Jó 40.1-2). Diante disso, "Então Jó respondeu ao Senhor: 'Eu não sou nada; como poderia encontrar as respostas? Cobrirei minha boca com a mão. Já falei demais; não tenho mais nada a dizer'" (Jó 40.3-5). Antes alguém cheio de razões e argumentos, Jó agora admite nada saber e ser incapaz de argumentar diante das razões apresentadas por Deus. Como se contrapor a alguém tão grande e poderoso – ao Criador dos Céus e da Terra?

Se a história de Jó terminasse assim, poderíamos até admitir que o Senhor é grande, poderoso e o Criador de todas as coisas, mas teríamos boas razões para questionar a sua graça e o seu amor. Afinal, a conversa foi tensa e dura até esse ponto, mas a questão é que Ele ainda não havia terminado a conversa. Depois de questionar mais um pouco, insistiu em demonstrar Sua soberania e Seu poder. Então vemos algo interessante e surpreendente da parte de Jó. Ele se dirige a Deus mais uma vez, porém agora com uma nova postura e uma mentalidade diferente em relação ao início dessa conversa:

> Então Jó respondeu ao Senhor: "Sei que podes fazer todas as coisas, e ninguém pode frustrar teus planos. Perguntaste:

'Quem é esse que, com tanta ignorância, questiona minha sabedoria?'. Sou eu; falei de coisas de que eu não entendia, coisas maravilhosas demais que eu não conhecia. Disseste: 'Ouça, e eu falarei! Eu lhe farei algumas perguntas, e você responderá' Antes, eu só te conhecia de ouvir falar; agora, eu te vi com meus próprios olhos". (Jó 42.1-5)

Jó viu antes de ter. Ele ainda não havia sido curado, não havia tido outros filhos nem havia recebido seus bens de volta ainda. Tudo isso viria na sequência, fruto da graça e da bondade de Deus. Mas, antes de tudo isso acontecer, não havia nem mesmo uma promessa da parte do Senhor de que essas coisas aconteceriam. E, nessa condição, sem ter nada, Jó contemplou. E foi a contemplação, ou melhor, aquele a quem ele contemplou que o transformou.

Contemplar é ver com os olhos da fé

Ainda hoje associamos conhecer a Deus a ter as Suas bênçãos. Se tenho bênçãos, riquezas, sucessos e vitórias, então é sinal de que conheço ao Senhor e de que Ele se agrada de mim. Se não tenho, onde será que Ele está? Será que Ele se esqueceu? Será que Ele não se importa comigo? Eu já não O vejo mais. Mas essa é exatamente a questão. Em tempos de tanto consumo, distrações e autopromoção, talvez seja necessário primeiro perdermos tudo para que os nossos olhos sejam postos no que – ou quem – realmente interessa. Jó precisou passar por isso. Não porque ele era uma pessoa má, mas porque não conhecia a Deus o suficiente. Conhecia de ouvir falar, entretanto ainda precisava ver.

Contemplar não é o fim, mas sim um passo necessário para um processo profundo de transformação.

Porque a **contemplação** conduz à **adoração**, porque nos leva a reconhecer quem Deus é – o Criador de todas as coisas, o nosso Pai que nos ama e quer bem.

A **adoração**, por sua vez, nos leva à **rendição**, exatamente como Paulo fez – caiu de joelhos diante da grandeza do Deus a quem ele adorava – e como Jó experimentou – reconhecendo que havia falado daquilo que não compreendia, coisas maravilhosas demais para ele.

A **rendição**, na sequência, nos faz desejar que a **condução** da nossa vida seja entregue a Deus, uma vez que ele é quem sabe quem realmente somos e do que precisamos.

E a **condução** da nossa vida por Deus, finalmente, é o que nos leva a experimentar verdadeira **transformação**.

Jó precisou passar por esse processo. De fato, Deus não será tudo de que nós precisamos até que se torne tudo o que nós temos. Contudo permanece a questão: como viver isso? Deixar tudo para trás? Vender todos os meus bens? Abandonar família e amigos?

Essa parece ser a única maneira de fazer isso voluntariamente, afinal, a outra possibilidade seria viver o que Jó viveu: involuntariamente perder tudo o que se tem, até que Deus se torne tudo o que resta. Será que todos nós precisamos passar por essa experiência? Creio que há uma terceira via. Um caminho que também envolve perda e renúncia, mas que, antes de representar qualquer perda externa ou circunstancial, requer um coração disposto a tratar tudo como perda para ganhar finalmente Cristo. Trata-se do caminho apresentado pelo apóstolo Paulo (o "Jó" do Novo Testamento) em Filipenses 3.7-14:

> Pensava que essas coisas eram valiosas, mas agora as considero insignificantes por causa de Cristo. Sim, todas as outras coisas são insignificantes comparadas ao ganho inestimável de conhecer a Cristo Jesus, meu Senhor. Por causa dele, deixei de lado todas as coisas e as considero menos que lixo, a fim de poder ganhar a Cristo e nele ser encontrado. Não conto mais com minha própria justiça, que vem da obediência à lei, mas sim com a justiça que vem pela fé em Cristo, pois é com base na fé que Deus nos declara justos. Quero conhecer a Cristo e experimentar o grande poder que o ressuscitou. Quero sofrer com ele, participando de sua morte, para, de alguma forma, alcançar a ressurreição dos mortos! Não estou dizendo que já obtive tudo isso, que já alcancei a perfeição. Mas prossigo a fim de conquistar essa perfeição para a qual Cristo Jesus me conquistou. Não, irmãos, não a alcancei, mas concentro todos os meus esforços nisto: esquecendo-me do passado e olhando para o que está adiante, prossigo para

o final da corrida, a fim de receber o prêmio celestial para o qual Deus nos chama em Cristo Jesus.

Paulo acreditava que Jesus realmente não será tudo de que nós precisamos até que se torne tudo o que nós temos. Mas não é só isso. Ele viu algo (ou alguém) que fez com que tudo o mais perdesse o valor, antes mesmo de ele decidir abrir mão do que tinha ou de ser forçado a fazê-lo.

Antes de decidirmos perder o que já não deveria mesmo ter valor para nós, precisamos decidir ver Aquele que tem supremo valor sobre todo o resto, e deixar que Ele mude a nossa escala de valores para sempre. Perder, então, passará a ser ganhar.

Jesus não será tudo de que você precisa até que se torne tudo o que você vê.

Veja Jesus.

Meditar e orar

Assim, a Palavra se tornou ser humano, carne e osso, e habitou entre nós. Ele era cheio de graça e verdade. E vimos sua glória, a glória do Filho único do Pai. (João 1.14)

Deixar Jesus fazer[1]

Parte 2

---

[1] Vale aqui um lembrete quanto ao que foi dito na introdução, constante da introdução a esse livro: se, na primeira parte (composta dos três primeiros capítulos), focamos em práticas ou disciplinas – naquilo que devemos "fazer", como uma espécie de espiritualidade "ativa" (na falta de um termo melhor), no intuito de permitir com que Jesus entre em nossa vida – os próximos três se concentrarão em um "não fazer" – uma espiritualidade que podemos chamar de passiva – que permitirá com que essa presença de Jesus nos torne frutíferos e efetivos no cumprimento dos propósitos de Deus para nossas vidas. Vamos focar no restante da oração de Paulo pelos Efésios no capítulo 3 da sua carta e em como o Espírito Santo atua no interior daqueles que recebem a Cristo.

Capítulo 4

MOVIDOS
A força que me tira da inércia

O mundo em nosso interior cria o mundo ao nosso redor.
(Erwin McManus)

A Primeira Lei de Newton, também conhecida na Física como Princípio da Inércia, diz se um objeto está em repouso ou em um movimento constante, sem que exista nenhum outro fator externo que o afete, sua situação permanecerá inalterada. Em resumo, pode-se dizer que, em termos de movimento, não há novidade quando há inércia.

O mesmo acontece em muitas ocasiões de nossas vidas, quando nos encontramos nesse estado de inércia, seja em nossa espiritualidade, ou na área profissional, acadêmica, ou mesmo em relacionamentos. Muitas vezes permanecemos em um estado de ausência de movimento, ou ainda em um movimento ao qual já nos habituamos e que pouca ou nenhuma diferença faz no fim das contas. Sendo assim, se quisermos nos mover, antes é necessário que sejamos movidos por algo. Contudo, a Física também explica que, se há uma resistência que a matéria oferece à aceleração, ou seja, se a matéria não quer ser acelerada e que nenhuma outra força atue sobre ela, é porque ela quer permanecer como está. Isso é a inércia. Por princípio, ela faz com que a matéria resista a uma aceleração.

Em nosso dia a dia, usamos a palavra inércia para falar sobre falta de reação ou de iniciativa. É como descrevemos situações ou pessoas que se encontram em um estado de estagnação, de falta de energia (física ou moral). Às vezes nos referimos a algumas pessoas ao nosso redor dizendo: "tal pessoa precisa sair da inércia", "ela está se deixando levar, ela não reage", "ela não faz nada. Ela está parada", "ela está com a vida estagnada". E, com frequência, é exatamente assim que nós nos sentimos. Às vezes olhamos para a nossa vida e vemos sempre a mesma coisa. Parece que estamos parados. Parece que nada de novo acontece. Parece que não saímos do lugar.

Isso pode acontecer com qualquer um. Chegar no fim do ano, olhar para trás e ver que a vida está seguindo do mesmo jeito de antes. A sensação de que não fizemos nada, não produzimos algo relevante ou significativo. Olhamos para trás e parece que nada aconteceu, que a vida está passando e não estamos nos mexendo. É isso que a inércia faz: mantém-nos onde estamos e nos impede de avançar.

Assim, se quisermos romper essa barreira, precisamos ser acionados. Precisamos ser provocados, inspirados, desencadeados por uma ação, um acontecimento ou por nossos sentimentos, ou até por uma pessoa. Ser movido é deixar que alguma força atue sobre nós para que então consigamos sair de onde estamos e começar a nos mover.

Essa é minha oração por você. Que, à medida que avance na leitura dessas páginas, alguém ou alguma coisa mexa com você e acione, provoque, inspire você, a fim de que, então, um novo movimento seja desencadeado a partir da sua vida.

O fato é que algo precisa acontecer e, para isso, há algo que precisamos fazer. Por mais óbvio que pareça, precisamos nos lembrar de que se não fizermos nada, nada vai acontecer.

Podemos nos sentir frustrados com essa estagnação, ou com um movimento que está lento demais, ou ainda, porque as coisas estão acontecedo tão rápido que não conseguimos acompanhar, até porque frequentemente decidimos tomar atitudes e aceleramos a tal ponto que começamos a correr, porém vamos para a direção errada e terminamos nos sentindo exaustos, sobrecarregados e sem entender a razão de tudo o que está acontecendo, com a necessidade de frear um pouco as coisas ou com vontade de desistir. Esse é o perigo da inércia: ou sentimos que nada acontece, ou percebemos que perdemos o controle sobre aquilo que acontece conosco.

Por essa razão, é essencial buscarmos o fator que causará uma provocação em nós. Afinal, essa inércia afeta nossas vidas por completo, inclusive o nosso relacionamento com Deus. Precisamos buscá--lO para que então Ele nos guie para a direção certa — Seus planos, desejos e propósitos. Até porque nenhum movimento humano, por si só, consegue desencadear um evento sobrenatural. Precisamos que o Senhor intervenha para que nossa inércia espiritual seja quebrada.

Participar de reuniões de oração, cultos, celebrações e conferências é incrível, e é em ambientes assim que frequentemente percebemos esse movimento de Deus em nossa direção, atraindo-nos para Ele mesmo. No entanto, a iniciativa continua sendo d'Ele, e não nossa. Podemos e devemos nos posicionar com expectativa e fé, mas se o Senhor não estiver presente e se o Espírito Santo não agir, nada vai acontecer. Nós sairemos do mesmo jeito que entramos. Podemos até fazer novos amigos, achar o ambiente positivo e inspirador. No entanto, se o Espírito de Deus não agir, não transformar a nossa vida e não nos mover, nada realmente relevante irá acontecer.

Somente o poder de Deus gera um movimento de Deus

Muito se fala na Igreja acerca de avivamento. Avivamento é um mover sobrenatural de Deus que ultrapassa uma pessoa, quando o Espírito Santo começa a agir de modo particularmente poderoso em um indivíduo, mas ganha grupos, uma igreja, cidades e até nações, tornando impossível ficarmos indiferentes ao que o Senhor está fazendo, porque é um mover sobrenatural que muda tudo. Então as pessoas são atraídas e se rendem a Jesus, porque Ele está se movendo e, ao fazer isso, também move tudo na direção d'Ele. Creio que todo discípulo de Jesus deseja viver esse avivamento pessoal e comunitário. Um movimento genuinamente divino que nos alcança e transforma. Vejamos o que o texto de Efésios 3 nos explica acerca disso:

Peço que, da riqueza de sua glória, ele os fortaleça com poder interior por meio de seu Espírito. (Efésios 3.16)

Podemos notar que Paulo pediu isso a Deus, não em favor de si mesmo, mas da Igreja. Ele se aproxima do Senhor reconhecendo a necessidade daqueles discípulos de receberem algo vindo d'Ele. O apóstolo também sabia que somente Deus tem aquilo de que eles precisam ao dizer: "peço que da riqueza da Sua glória [...]". Ou seja, ele está falando da verdadeira fonte, do Senhor cuja glória é abundante, farta, extravagante e, portanto, mais do que suficiente. Paulo fala com aquele que pode responder, que tem aquilo de que aquela igreja precisa.

Embora óbvio, isso é importante. Nós precisamos saber a quem nós pedimos, porque se fazemos isso a alguém que não pode nos dar, simplesmente não iremos receber. E é muito frustrante pedir algo a alguém que não pode te dar o que se pede, simplesmente pelo fato de não ter para dar. Só Deus tem tudo de que precisamos e sabe exatamente o que nos dar, de acordo com o propósito que planejou para cada um de nós. Então, o que nos resta é saber como e o que pedir.

Paulo estava orando para a pessoa certa, pedindo para Aquele que tem "gloriosas riquezas". E de todos esses tesouros, o apóstolo escolheu pedir especificamente por uma: poder. Mais especificamente, ele pede por força por meio do poder. **Nós somos fortalecidos pelo poder de Deus. Nós somos movidos pelo Seu poder**. À essa altura, precisamos fazer uma confissão importante: a vida cristã é impossível. Ninguém, nem mesmo a pessoa mais santa e piedosa que nós possamos conhecer ou ouvir falar a respeito, é capaz de vivê-la por si só. Nem os personagens bíblicos como Pedro ou o próprio Paulo conseguiram. Por consequência, a missão cristã é igualmente impossível. Viver o que Jesus nos propõe é impossível e fazer o que Ele nos chama a fazer também é, a menos que façamos isso no poder do Espírito Santo. Porque para uma vida sobrenatural é necessário um poder sobrenatural.

Imagine a situação dos primeiros discípulos: antes de Jesus ascender ao céu, Ele se volta para aqueles jovens que haviam sido treinados por Ele durante apenas 3 anos (sigo Jesus há mais de vinte anos e ainda não aprendi quase nada!) e diz: "estou indo embora; vou enviar meu Espírito, e então a única coisa que vocês precisam fazer é pregar o evangelho a toda criatura e fazer discípulos de todas as nações, até os confins da Terra". Missão simples, não?! Estamos aqui até hoje, mais de 2 mil anos depois, e ainda não chegamos até os tais "confins da Terra". Muito já foi feito, mas, quando olhamos as estatísticas, ainda há vários povos que não foram alcançados; bilhões de pessoas que ainda não ouviram falar de Jesus. Dois mil anos depois. É uma missão impossível – a não ser que façamos isso pelo poder de Deus.

Precisamos de um fator externo para sairmos do nosso estado de inércia. Não se trata apenas de uma decisão pessoal. De fato, existe uma parcela de responsabilidade que é nossa, porque se não buscarmos a Deus em oração, leitura e meditação na sua Palavra, se não vivermos em comunidade com outros discípulos, é quase certo que nada vai acontecer.

Então, é claro que há uma decisão nossa de querer, de ansiar por isso. Mas o mover sobrenatural de Deus precisa vir do Espírito Santo para nós. Não depende de nós. Nós não podemos gerar esse movimento. **Só quem pode gerar o movimento que nos move é aquele que nos gerou.** Esse poder de que Paulo fala é, no grego, uma palavra que conhecemos porque, no português, temos várias palavras derivadas dela. É a palavra *dunamis*, que dá origem à palavra dinamite, por exemplo. Ela significa força ou habilidade inerente, carregada de um potencial para realizar algo. Esse é o poder de Deus. É um poder explosivo, um poder que transforma, um poder que faz e que realiza. O que Paulo está dizendo é: "eu preciso, Deus, que o Senhor dê o seu poder a essa igreja." E essa é a minha oração por você e pela Igreja dos nossos dias: por mais do poder de Deus em nossas vidas. Nós precisamos que o Senhor derrame, da sua gloriosa riqueza, do seu poder, esse *dunamis*, esse poder revolucionário que nos capacita a viver essa vida impossível de ser vivida na nossa própria força.

Depois de pedir para que Deus fortaleça os efésios com o seu poder, ele explica que esse poder é "interior". Na Nova Versão Internacional (NVI), essa expressão é traduzida como "(ele os fortaleça) **no íntimo do seu ser** com poder, (por meio de seu Espírito)". Na NVI, fica mais claro que o poder é de Deus e que ele opera esse poder em um lugar ou espaço: nosso interior. Essa constatação é importante porque, às vezes, ficamos extremamente focados no poder que opera no nosso exterior.

Refiro-me às manifestações visíveis e evidentes do poder divino em nossa vida ou igreja: os milagres, as curas, os dons perceptíveis do Espírito (línguas profecias, etc.). Muitos cristãos vivem em busca dessas manifestações de poder exterior, pulando de igreja em igreja e de evento em evento para experimentar, enxergar, sentir o poder de Deus. E é preciso deixar claro: o poder do Senhor manifesta-se sim por meio de sinais exteriores. Jesus disse:

> Os seguintes sinais acompanharão aqueles que crerem: em meu nome expulsarão demônios, falarão em novas línguas, pegarão em serpentes sem correr perigo, se beberem algo venenoso, não lhes fará mal, e colocarão as mãos sobre os enfermos e eles serão curados. (Marcos 16.17-18)

Tudo isso realmente acontece ainda hoje, eu creio nisso. Creio em milagres e nesse poder de Deus que se manifesta de modo visível e exterior. Contudo, especificamente nesta oração, e em favor desta igreja, o que Paulo pede a Deus é outro tipo de poder. Ele pede por um poder operado também pelo Espírito Santo, mas que, nesse caso, atua no interior do discípulo, concedendo-lhe força em seu próprio espírito. Trata-se de um poder que opera no íntimo do ser humano. E Paulo pede especificamente por esse poder por causa do seu objetivo, que é também o tema de todo este livro: conduzir aquelas pessoas a se tornarem mais semelhantes a Jesus. E a maneira pela qual nos tornamos mais semelhantes a Jesus é quando o Espírito Santo opera dentro de nós, porque se trata de uma mudança de dentro para fora.

Nosso caráter muda, nossos valores mudam e, como consequência e reflexo dessas mudanças, o nosso comportamento exterior também começa a mudar.

Paulo, portanto, está apontando para o fato de que a vida cristã começa com o poder de Deus operando dentro de nós, nos lugares mais profundos do nosso ser. É sobretudo ali que precisamos da atuação dessa força, desse poder especial de Deus agindo em nosso interior.

Nós somos, nesse desenho feito por Paulo, o ambiente, o lugar desse agir extraordinário do Espírito Santo, capacitando-nos a viver a vida cristã a partir desse poder que nos transforma de dentro para fora. Isso é ser movido. Não é um pastor, um líder de célula ou pequeno grupo, um líder de ministério nem um livro como este, nem mesmo um culto ou uma atividade religiosa que irá mover você na direção de se tornar mais parecido com Jesus e, a partir daí, viver os propósitos de Deus para a sua vida. Somente o Espírito Santo de Deus pode fazer isso. Ele é o agente dessa transformação, conforme mostra o fim do verso 16: "[...] Por meio de seu Espírito".

Paulo ora apaixonadamente por aquela igreja, creio eu, porque ele conhecia a realidade extraordinária presente na vida daqueles discípulos – que é a mesma realidade da sua vida hoje, se você já é um seguidor de Jesus: o fato de que esse Espírito já habita em nós. Sim, Paulo pede que o Espírito opere no interior do ser humano porque é justamente aí que Ele habita. Não está em algum lugar fora do corpo, precisando ser invocado para então agir de fora para dentro na existência daqueles que já seguem a Cristo. Se nós já recebemos Jesus, já recebemos o Espírito d'Ele, e portanto a realidade da sua habitação encontra-se presente no seu interior. E é primeiramente no nosso interior que o Espírito atua para produzir a semelhança de Jesus em nós. Independentemente de idade, origem, cor, sexo. Sejam crianças, jovens, mulheres, homens, adultos e idosos, tanto faz. Se alguém já crê em Jesus e já se abriu para ele, esse alguém tem o Espírito Santo habitando o seu interior, o íntimo do seu ser.

É por isso que Paulo não pede a Deus que envie o seu Espírito para que Ele venha habitar o interior daqueles discípulos, mas pede que o Pai, das suas gloriosas riquezas, derrame um poder especial, que entendo ser um enchimento sobrenatural desse Espírito que já está ali, mas que, por vezes, fica adormecido e inerte por conta da nossa falta de movimento – da nossa inércia. Nesses momentos, precisamos ser despertados. Precisamos ser provocados. Precisamos ser acionados. Precisamos ser movidos, a fim de que o Espírito nos impulsione novamente na direção dos propósitos de Deus para nossa vida. Imagine como nossas vidas podem ser diferentes se entendermos o acesso que temos a esse poder – o poder do Espírito Santo não apenas habitando passivamente o nosso interior, mas agindo poderosamente dentro de nós para nos mover e transformar.

Paulo enfatiza o potencial dessa presença do Espírito Santo em nosso interior ao deixar claro, em

Romanos 8.11, que esse Espírito é o mesmo que ressuscitou Jesus dos mortos, e que da mesma maneira dará vida ao nossos corpos mortais. Essa mesma ideia aparece em Efésios, um pouco antes do trecho que tem sido o foco das nossas conversas, no capítulo 1, versos 19-20, numa outra oração por aquela mesma igreja:

> Também oro para que entendam a grandeza insuperável do poder de Deus para conosco, os que cremos. É o mesmo poder grandioso que ressuscitou Cristo dos mortos e o fez sentar-se no lugar de honra, à direita de Deus, nos domínios celestiais.

O texto segue para afirmar a autoridade de Cristo sobre todas as coisas e para apontar para a Igreja como o seu corpo, o veículo por meio do qual Ele preenche e age em todas as coisas aqui na terra. O apóstolo descreve a realidade da presença do Espírito Santo em nós como "a grandeza insuperável do poder de Deus para conosco". Será que temos a dimensão do tamanho dessa grandeza? Do potencial desse poder? Será que o mundo e as pessoas ao nosso redor podem testemunhar que veem, sentem e percebem esse poder atuando a partir do nosso interior para tocá-las, abraçá-las e conduzi-las a essa mesma experiência – a experiência de um encontro com Jesus que as tornará habitação do Espírito Santo de Deus?

É tempo de nos deixarmos mover. De nos deixarmos provocar. De abandonarmos a inércia e deixarmos o Espírito Santo ser nossa força motriz, aquele que nos conduzirá na direção da vontade do Pai para as nossas vidas e, consequentemente, para fazer de nós agentes de transformação no mundo. Portanto, precisamos ser movidos. E por algumas razões.

Precisamos ser movidos pelo poder do Espírito Santo para nos movermos

Porque sozinho não somos capazes de nos movermos. Precisamos do Espírito Santo para nos movermos, para sabermos para onde ir, para sabermos o que fazer e principalmente para termos poder para fazer o que devemos fazer.

Precisamos ser movidos pelo poder do Espírito Santo para movermos outros

Porque o chamado de um discípulo de Jesus não é apenas para que ele se mova. Para que ele saia de um lugar e vá para outro. Esse é somente o primeiro passo. Quando Jesus chama pessoas para segui-lo, ele as convida para se moverem na sua direção. No entanto, ele também as convida a trazer outras pessoas, tornando--se discípulos que fazem discípulos. O chamado de um discípulo de Jesus não é apenas para se mover na direção de Jesus e então parar em sua presença para contemplá--lo. Como vimos anteriormente, a contemplação é essencial, mas não é tudo. É parte de um processo maior de transformação, que resultará, entre outras coisas, no testemunho a respeito de quem Jesus é. Quem conhece Jesus torna Jesus conhecido. O movimento iniciado por Jesus nunca parou e não pode parar em nós. Pessoas movidas movem pessoas.

Precisamos ser movidos pelo poder do Espírito Santo para permanecermos de pé

Parece incoerente ser movido para permanecer. Mas, no último capítulo da carta aos Efésios, vemos a maneira como Paulo conclui o seu raciocínio. A partir do verso 10, lemos o seguinte:

> Uma palavra final: Sejam **fortes** no Senhor e em seu **grande poder**. Vistam toda a armadura de Deus, para que possam **permanecer firmes** contra as estratégias do diabo. Pois nós não lutamos contra inimigos de carne e sangue, mas contra governantes e autoridades do mundo invisível, contra **grandes poderes** neste mundo de trevas e contra espíritos malignos nas esferas celestiais. Portanto, vistam toda a armadura de Deus, para que possam resistir ao inimigo no tempo do mal. Então, depois da batalha, vocês continuarão de pé e firmes. (Efésios 6.10-13 – grifo do autor)

Nessa passagem, Paulo enfatiza novamente que precisamos ser fortalecidos em Deus e em seu grande poder. No entanto, o objetivo desse fortalecimento aqui não parece ser o de nos movermos, porque Paulo diz que precisamos dele para permanecermos. Trata-se aqui de um poder de resistência, de resiliência, de perseverança na batalha, não contra seres humanos (seu chefe, vizinho, cônjuge ou irmão na fé), mas contra o próprio diabo.

Aliás, Paulo refere-se aos poderes malignos que atuam contra nós como "grandes poderes". Sabemos, por tantas outras evidências e passagens bíblicas, que o poder de Satanás é ínfimo e incomparável diante do poder de Deus. No entanto, Paulo descreve o poder do inimigo como um grande poder, penso eu, porque ele sabe que é um poder grande demais para que nós os enfrentemos desprovidos do incomparavelmente maior poder de Deus. Muitos cristãos, embora sinceros e bem intencionados, têm vivido suas vidas quase que completamente alheios a essa realidade. Descuidados e desinformados a respeito da batalha que está em andamento, e dos grandes poderes atuando constantemente para tentar impedir os movimentos dos filhos de Deus, mantendo-os na inércia de suas vidas infrutíferas e irrelevantes.

Por conta desse descaso ou dessa desinformação, o fato é que muitos de nós gastam boa parte do seu tempo resistindo uns aos outros e brigando uns contra os outros, mesmo dentro das igrejas e das famílias, em vez de nos unirmos em busca desse fortalecimento no poder do Espírito de Deus para vencermos juntos aos ataques das trevas. Perdemos tempo com discussões inúteis, vaidade, comparação, fofoca e orgulho. Imagine se todo esse tempo e toda essa quantidade de movimento desperdiçada fosse redirecionada para nos abrirmos para o movimento de Deus que nos move e nos habilita a movermos outros! Imagine quantas vidas já poderiam estar livres do domínio das trevas e desfrutando da liberdade do reino da luz de Deus, se nós, como Igreja, decidíssemos focar apenas na batalha que realmente importa!

É fato que, em última análise, a batalha já está vencida e o diabo já é um derrotado (veja o fim da história em Apocalipse para confirmar). Contudo, enquanto Jesus não volta para consumar a realidade já instalada na eternidade, o nosso papel é continuar na batalha.

E é por isso que ele nos orienta a nos revestirmos de toda a armadura de Deus. Precisamos desse movimento para conseguirmos permanecer de pé, mesmo diante dos mais ferozes ataques das trevas. Porque, sem o poder de Deus, não somos páreos para essa batalha. Fatalmente cairemos. O grande poder das trevas é maior do que o meu poder em mim mesmo. Mas graças a Deus por Jesus, por meio de quem tenho em mim o imparável poder do seu Espírito, diante do qual as trevas nada podem!

Somos "*mais que vencedores*", sim, mas somente "*por meio daquele que nos amou*" (Romanos 8.37). É tempo de levarmos a sério o alerta de Paulo. É tempo de sermos fortes no Senhor e no seu grande poder. Qual é o sentido de termos pleno acesso a esse poder, porque ele já habita em nós, mas não utilizarmos? Esse poder não precisa ser economizado, porque é infinito. Não precisa ser guardado para a eternidade, porque será desnecessário, num lugar onde não haverá mais batalhas a serem travadas e tudo será a exata expressão desse maravilhoso poder, dentro de nós e ao nosso redor. Não há razão para não colocarmos 100% desse poder explosivo que há em nós em uso **hoje**!

O trecho do capítulo 6 em questão termina, no verso 13, da seguinte forma: "Portanto, vistam toda a armadura de Deus, para que possam resistir ao inimigo no tempo do mal. Então, depois da batalha, vocês continuarão de pé e firmes". Paulo pressupõe que o tempo do mal irá chegar. Cedo ou tarde, a batalha virá. Não é uma questão de "se", mas de "quando" isso acontecerá. É por isso que precisamos estar prontos hoje. Na NVI, o final desse verso diz "[...] e permanecer inabaláveis, depois de terem feito tudo". Gosto dessa ideia. Mesmo depois de fazermos tudo, ainda há o que fazer. É preciso ainda permanecer. Inabaláveis. Fortes. Inamovíveis. No poder do Espírito Santo, precisamos ser movidos para permanecer.

Há tempo de avançar com as tropas, e há tempo de consolidar as vitórias obtidas e se assentar no território conquistado. O poder de Deus, por meio do seu Espírito que habita em nós, habilita-nos a fazer as duas coisas.

A inércia não é apenas a falta de movimento. É também continuar no movimento em que já se encontra. Por isso, às vezes o movimento que Deus quer fazer em nós não é nos tirar da paralisia e nos acionar para irmos a algum lugar, mas é nos tirar da nossa constante inquietação pelo novo e pelo diferente, a fim de permanecermos exatamente onde estamos. Para terminarmos o que começamos. Para perseveramos naquilo do qual queremos desistir. Para continuarmos servindo com fidelidade na obscuridade. Para sermos fiéis no pouco antes de sermos confiados com o muito.

Nossa geração é atraída pelo movimento. Talvez seja um tempo, na sua vida e na minha, de pararmos e refletirmos se Deus não quer que fiquemos um pouco mais onde ele já nos colocou. O movimento do Espírito Santo, em alguns casos, é aquele que freia o nosso movimento na direção errada para nos levar de volta à direção ou à posição certa. O mover do Espírito Santo sempre nos colocar na direção certa, quer ele se pareça com uma aceleração gradativa ou com uma freada brusca. Quem sabe o movimento do Espírito na sua vida será como uma voz suave, uma leve brisa, sussurrando ao seu ouvido para dizer: "Fique exatamente onde está, porque você está fazendo exatamente aquilo que te criei para fazer". Que privilégio é poder ouvir isso dele. Não se deixe mover por qualquer um ou qualquer coisa. Mova-se apenas para onde e quando o Espírito de Deus te conduzir. E, quando ele fizer isso, vá. Caso contrário, a inércia nos levará para longe dos propósitos de Deus para nossas vidas.

Precisamos ser movidos pelo Espírito Santo para testemunharmos sobre quem Ele é

Precisamos ser movidos para falar. Essa é provavelmente a maior finalidade dos movimentos gerados pelo Espírito de Deus. Não há nada errado em pedirmos e ansiarmos por milagres e sinais exteriores da ação do poder de Deus. Ele disse que os faria e nos manda crer e pedir por eles, então é isso que devemos fazer. No entanto, quando ele, por alguma razão que desconhecemos, não faz essas coisas, com frequência perdermos excelentes oportunidades de perceber o que ele faz. Porque o fato de ele não fazer certas coisas em alguns momentos não significa que ele não está fazendo nada.

É comum termos a experiência de esperamos tanto por algo que pedimos a Deus para fazer e nos concentramos tanto nisso que acabamos não percebendo um outro algo que Ele já estava fazendo na nossa vida. Acontece com o solteiro que não consegue se alegrar com as bênçãos profissionais e ministeriais porque só consegue lamentar o fato de não ter se casado a essa altura. Também com o pastor que não consegue ser grato a Deus por um ministério frutífero porque se compara com o outro líder cuja congregação tem o dobro do tamanho da sua. Ou com o pai que não consegue encorajar e elogiar o filho que tem talento musical porque ele queria mesmo ver no filho o atleta que ele não conseguiu ser quando era jovem. Enquanto pedimos "A", Deus está fazendo "B". E por mais extraordinário e incrível que "B" seja, ficamos cegos a ele, porque a única coisa que conseguimos enxergar na nossa limitação é "A".

Deus convida os seus filhos a expandirem sua visão para verem o que ele está fazendo, ao invés de viverem frustrados com aquilo que ele não está fazendo ainda, justamente porque, como nosso Pai, ele sabe exatamente o que é melhor para nós e para o cumprimento de sua boa, agradável e perfeita vontade (Romanos 12.2). E aí retomamos nosso ponto. Queremos mais do poder do Espírito, mas para quê? Queremos ser movidos para mudar o mundo, mas será que estamos dispostos a organizar nosso quarto?

Desejamos ver sinais e maravilhas, mas estamos dispostos a deixar que esse poder nos mova na direção da mesa do colega de trabalho que está todos os dias ao nosso lado? Nossa incoerência nesse tema é assustadora. Queremos que Deus nos use com o seu poder para movermos realidades de injustiças globais, mas somos inertes diante das pequenas injustiças cometidas ao nosso redor ou por nós mesmos.

Isso não significa dizer que precisamos primeiro ser perfeitos para que Deus possa nos usar de modo significativo. De modo algum. Somos todos imperfeitos e o fato de que Deus nos usa para o quer que seja é um simples e escancarado atestado da sua infinita graça em nosso favor. O que quero dizer é que se trata do mesmo poder. É o poder de Deus. É o poder do Espírito Santo. E esse poder já está em nós. Está disponível e acessível todos os dias, a todo momento. E, se queremos ver mais desse poder agindo a partir de nós, precisamos começar a ativá-lo na medida já recebida.

Algum tempo atrás, a igreja onde sirvo viveu uma experiência que considero sobrenatural. Oramos por três meses em favor de uma menina de seis anos de idade, que enfrentava um tumor cerebral e precisava de um milagre. Apesar de ser ainda uma criança, ela já tinha consciência de seu chamado para ser uma pregadora do evangelho, e contava isso para todas as pessoas que a conheciam.

Numa visita que fiz a ela quando o quadro já era bem sério, eu a encontrei lendo sua bíblia com sua mãe na sala, e eu fui completamente ignorado enquanto ela se concentrava em processar as palavras, superando enormes dificuldades decorrentes do seu estado. Diante do que, segundo a medicina, parecia ser impossível, nossa igreja decidiu orar e crer no Deus do impossível.

Decidiu abraçar a família e crer no milagre. Foram vigílias, orações nas celebrações de domingo, visitas à casa e ao hospital, e tudo o que as comunidades de fé buscam fazer em momentos delicados como esse. Havia escalas de oração com pessoas orando o dia e a noite inteira por ela. Por quê? Porque cremos em Deus e cremos no poder de Deus.

Quando Deus quer fazer algo, ele faz. Não há diagnóstico contrário capaz de impedi-lo, não há poder maligno capaz de enfrentá-lo. Absolutamente nada é difícil demais para Deus. Mas há certas coisas que, por razões que estão além da nossa finita capacidade de compreensão, Deus decide não fazer. E Deus decidiu não curar a Lívia, apesar de todas as orações feitas e da fé de tantas pessoas focadas nesse propósito.

Quando situações como essa acontecem, somos confrontados com duas escolhas possíveis. A primeira opção que temos é a da indignação. Podemos decidir que sabíamos qual era a melhor solução para o quadro e que Deus não fez aquilo que era melhor – o que eu queria. Diante disso, ou ele não se importa o suficiente comigo, ou ele nem seque existe de fato. Esse é um caminho possível, e não posso julgar ou criticar você se já decidiu trilhá-lo por algum trauma ou decepção experimentado na sua história. Entretanto existe uma segunda opção, e ouso acreditar que esta seja a melhor. É o caminho que poucos escolhem, porque ninguém é capaz de escolhê-lo por si mesmo. Ele é reservado àqueles que têm um poder especial à sua disposição – o poder do Espírito Santo. É o poder de reconhecer que o Senhor é Deus quando faz o milagre, e que ele também (e ainda) é Deus quando, por alguma razão, não faz.

Na tarde do dia do falecimento, tivemos um culto de ação de graças a Deus pela vida daquela criança. E o que eu ouvi dos lábios da mãe daquela menina de seis anos, que havia passado os três últimos meses lutando com Deus e com todas as circunstâncias ao seu redor em favor da sua filha, me levou a questionar se, na realidade, nós não havíamos mesmo vivenciado um milagre:

Eu estou feliz. Porque Deus curou a Lívia. Hoje ela está curada. O milagre aconteceu, e ela está bem. Ela está sem sequelas, falando, correndo e brincando perfeitamente. E ela está com o nosso Pai.

O que leva uma mãe que há poucas horas perdeu sua filha e está prestes a sepultá-la a afirmar algo assim? O que move essa pessoa a ter esse tipo de fé e de paz? Somente uma coisa: o incomparável e invencível poder do Espírito Santo atuando em seu interior. Ela continuou falando e agradeceu o apoio e o amor, as ofertas e as orações da igreja, que foram, nas palavras dela, essenciais para que a família pudesse passar por toda aquela tempestade. E a nossa comunidade experimentou a realidade de que Deus tem todo o poder e sempre ouve a nossa oração.

Qual teria sido o maior milagre? Seria a cura física? Ou fato de, apenas naquela tarde, centenas de pessoas terem ouvido a um testemunho como esse? Sinceramente, não sei responder. O que sei é que, sempre que Jesus nos prometeu poder, esse poder referia-se ao cumprimento de uma missão. Em suas últimas palavras direcionadas aos seus apóstolos, antes de subir aos céus, Jesus lhes disse que esperassem pelo poder do Espírito Santo, que viria sobre eles, para que pudessem então se espalhar e serem suas testemunhas até os confins da terra (Atos 1.8).

O maior poder de que precisamos para cumprir a missão que nos foi confiada pelo nosso Senhor e Salvador é o poder do Espírito Santo para, com ousadia e confiança, testemunharmos a respeito de quem ele é. Ainda que as coisas ao nosso redor não aconteçam da maneira como gostaríamos. Cheios desse poder, levaremos adiante e cumpriremos com fidelidade esse chamado. Até o fim. Até o dia em que ele decidir que fizemos o bastante, quando estaremos prontos para nos encontrarmos com ele. Seria absolutamente incrível ter a pequena Lívia hoje ainda entre nós, curada e contando o seu próprio milagre. Era o que eu queria, e o que todos nós queríamos. Mas penso que é igualmente incrível testemunhar o fato de que ela cumpriu o seu chamado de ser uma pregadora – uma testemunha. Mesmo morta, a sua história, por meio do testemunho da sua mãe e de outros que a conheceram, continua anunciando a bondade, a graça e o amor de Deus. E a realidade da Lívia é a mesma realidade de Abel, que, como escreveu o autor de Hebreus, "Por meio da sua fé, [...] mesmo depois de morto, ainda fala" (Hebreus 11.4).

Eu sei quem me move, e por isso me deixo mover.
Precisamos ser movidos pelo Espírito Santo de Deus.

Meditar e orar

Adorar é experimentar Realidade, tocar Vida. [...] Adorar é a resposta humana à iniciativa divina. [...] Até que Deus toque e liberte nosso espírito, não podemos entrar nesse universo. (Richard Foster)

Capítulo 5

HABITADOS
Casa, hotel ou Airbnb?

Adorar é acelerar a consciência pela santidade de Deus, é alimentar a mente com a verdade de Deus, é purgar a imaginação com a beleza de Deus, é abrir o coração para o amor de Deus, é devotar a vontade ao propósito de Deus.
(William Temple)

Seguimos com Paulo na sua oração pelos Efésios. Chegamos ao verso 17 de Efésios 3, no qual ele afirma: "Cristo habitará em seu coração à medida que vocês confiarem nele. Suas raízes se aprofundarão em amor e os manterão fortes". Gosto dessa imagem: Cristo habitando nosso coração na medida em que confiamos nele. Como consequência, nossas raízes aprofundam-se no amor de Deus, e é dessa forma que nos manteremos fortalecidos. Ninguém quer viver uma vida fraca. Nós queremos viver uma vida forte. Queremos ter resiliência, resistência, perseverança. Queremos vencer os desafios, superar os obstáculos. Para que isso seja possível, existe um caminho, um processo que o apóstolo Paulo está nos ensinando. Ele está basicamente dizendo: é assim que vocês vão ficar fortes, que vão permanecer no amor de Deus, que vão se aprofundar nesse amor, firmar raízes nesse e serão essas raízes que sustentarão vocês nos momentos de teste.

A relação apresentada por Paulo é interessante: "Cristo habitará em seu coração à medida que vocês confiarem nele". Ou seja, na medida em que nós confiamos, Cristo habita. Isso significa que, se eu não confio, Cristo não habita; ou, pelo menos, não da mesma maneira que habitaria caso eu confiasse.

Preciso reconhecer que, quando comecei a ler e estudar esse versículo, eu entrei numa certa crise. Porque eu pensei assim: ele está escrevendo para cristãos, certo? É uma carta escrita para uma igreja, para pessoas que já acreditavam em Jesus. Ele não está pregando o evangelho para pessoas que não O conhecem. Ele está encorajando discípulos de Jesus a crescerem; a se fortalecerem; a desenvolverem sua vida espiritual. Sabendo disso, li esse texto e pensei: tem alguma coisa errada! Porque, se ele está escrevendo esse texto para cristãos, para pessoas que já conhecem Jesus, então essas pessoas já são habitadas por Cristo. Quero dizer, para que alguém seja um cristão, é necessário que Ele já habite o coração dessa pessoa, não é verdade?

Ao menos, foi isso o que aprendi desde criança: se eu me entrego a Ele, abro meu coração e O confesso como Senhor e Salvador da minha vida, Ele imediatamente passa a habitar em mim. Porém, comecei a me questionar: como pode ser, então, que Ele só passe a habitar em mim caso eu confie n'Ele e me aprofunde em Seu amor, e decida fixar minhas raízes? Afinal, como funciona essa progressão – o fato de que, na medida em que eu confio mais, ele habita mais? E como é que alguém pode habitar mais – ou habitar menos – um certo lugar? Ora, ou você habita, ou não habita! Nunca vi alguém dizer que habita "mais ou menos" em uma casa. No entanto, quando comecei a pensar mais sobre isso, entendi que é possível fazer isso. É possível habitar mais ou habitar menos. Comecei a pensar que talvez a nossa relação com Jesus possa se parecer um pouco com algumas relações que nós também estabelecemos às vezes, nas nossas relações de moradia e de habitação.

Uma das melhores experiências da vida é ficar hospedado num hotel – num bom hotel![1] Poucas coisas podem dar tanta alegria quanto ter alguém para arrumar sua cama e seu quarto todos os dias, para preparar o seu café da manhã – com direito a pão de queijo, ovos mexidos e tapioca feita na hora – ok, o hotel dos meus sonhos fica no Nordeste.

Ainda assim, por melhor que seja a experiência, acredito que existe um limite. Uma coisa é passar um mês nesse hotel. Outra coisa é passar um ano nesse mesmo hotel. Trinta dias num hotel é um sonho, contudo 365 dias penso que seria um pesadelo. Algumas pessoas estão olhando para mim e pensando: tudo que

---

[1] Airbnb também é muito legal, mas a sua cama não fica milagrosamente arrumada todo dia, então a comparação é injusta.

eu queria na minha vida era morar por um ano num hotel. Eu com certeza ganharia uns dez quilos só com o café da manhã.

Mas sabe, algumas coisas que parecem ser muito boas no curto prazo não necessariamente são tão boas no longo prazo. Porque ficar dez ou quinze dias em um hotel será certamente muito bom no início. Teremos descanso, conforto e paz – como não ter paz com a cama sempre arrumada quando você chega no seu quarto? – Contudo, conforme o tempo vai passando, aquele sonho começa a virar realidade, e com a realidade chegam também os pontos negativos. A sensação claustrofóbica de estar sempre limitado a um quarto de nove ou dez metros quadrados. A sensação de nunca estar "em casa". A saudade do seu banheiro – admita, é real. Essa talvez seja a grande questão. O hotel pode ser maravilhoso, mas ele nunca será sua casa. A casa de um amigo pode ser maravilhosa, mas ela não é a sua casa. Passar um fim de semana em uma mansão alugada no Airbnb pode ser algo maravilhoso, mas não é sua casa. Não é seu banheiro.

Essa é a diferença de estar em casa. Nós podemos estar em uma casa muito melhor do que a nossa, isso será legal por uma hora, por um dia e talvez até por uma semana. Mas chega uma hora em que a única coisa que queremos é estar na nossa casa. Pode ser pequena, pode ser uma quitinete, pode ser um lugar que você divide com outras pessoas, pode ser alugada, financiada, mas é a nossa casa. Tem o nosso jeito, o nosso cheiro, as nossas coisas, o nosso travesseiro e a escova de dente perfeitamente posicionada naquele lugar que, se você é casado, sua esposa não gosta. Ou seja, é o nosso lar, nosso lugar. E não à toa, muitas pessoas consideram que uma das melhores partes de uma viagem é "voltar para casa".

Depois de pensar um pouco a respeito disso, retornei ao texto e passei a refletir acerca dessa afirmação do apóstolo Paulo: Cristo habita em nós à medida que confiamos n'Ele. Comecei a imaginar que talvez a imagem seja semelhante a essa: Cristo habita em você se você crê n'Ele. Se você está em Cristo, Ele está em você. Não é mais uma questão de estar ou não estar. Não é mais uma questão de salvação. Não é uma questão de: "hoje eu não confiei muito, então ele foi embora". "Hoje eu não tive fé suficiente, ou fiz algo errado, e então ele foi dar um passeio e deixou a casa vazia". Jesus não faz esse tipo de coisa. Ele não nos abandona, não troca de endereço ou sai para dar uma volta e depois decidir se vai voltar ou não para casa. Não. Ele **decidiu** habitar em nós, está em nós e não há nada que possamos fazer ou que deixemos de fazer para mudar isso. Ele escolheu habitar em mim e em você. Por mais que não consigamos entender a razão de tal escolha, afinal existem casas muito melhores do que nós. Contudo, essa é a graça, então Ele escolheu fazer isso.

O que ocorre, no entanto, é que nós, como os "donos" da casa, às vezes não permitimos que Jesus se sinta tão "em casa" assim. E aqui está o segredo desse texto. A palavra que aparece em Efésios 3.17, traduzida como "habitar", foi escrita originalmente em Grego e significa *"residência permanente e pessoal"*. Paulo está dizendo que o plano de Deus é fazer de nós a residência permanente e pessoal do seu Filho, Jesus Cristo. Isso é demais. Se você tem dúvida se Jesus ainda está no seu coração ou não (talvez por causa de coisas que você fez, e você acha que isso o ofendeu e o levou a mudar de endereço), quero te dizer uma coisa: Ele continua aí. Não foi para nenhum outro lugar. Você é a residência permanente d'Ele. Ele não mudou de endereço, e não desistiu.

Quando Jesus escolhe uma residência permanente e pessoal para habitar, o desejo dele é sentir-se absolutamente em casa, assim como você se sente na sua. Esse é o alvo. Não é convidar Jesus para entrar na sua casa, mas tratá-lo como um convidado ou hóspede. Porque, às vezes, temos um quarto de hóspedes na nossa casa, mas o quarto fica lá vazio, de enfeite. Está sempre bonito, perfumado, arrumado, mas sem ninguém para efetivamente habitá-lo. Às vezes, deixamos Jesus entrar no quarto, mas fechamos a porta do nosso outro quarto e torcemos para que Ele fique quietinho. Se possível, avisamos que vamos dormir até mais tarde, ou recomendamos que, como num bom hotel, ele coloque uma plaquinha na porta dizendo "Não incomode". É como se estivéssemos fazendo um favor para Ele. Como se estivéssemos pagando pelas diárias do hotel ou fornecendo um serviço de hospedagem num dos cômodos da nossa casa. "Jesus, você é nosso hóspede. Estamos fazendo esse favor: aqui está a senha da internet, fique à vontade, apenas não nos incomode. Pela atenção, obrigado". Por mais estranho que pareça, é isso que muitos de nós fazemos com Jesus.

Agimos como se Ele fosse aquela visita inconveniente que tivemos que receber, como aquele tio ou aquela tia que não mora na sua cidade e você ficou sem graça de mandar procurar um hotel. Ficamos torcendo para Ele não encontrar aquele pote de doce de leite escondido no fundo da geladeira, para ele não acabar com o restinho do suco de uva, não comer o último biscoito de maisena. No fim das contas, Ele habita em nós, está "em casa", mas não se sente tão "em casa" assim. O resultado de pensarmos, orarmos, contemplarmos Jesus e sermos fortalecidos pelo poder do Espírito Santo é Cristo habitando em nós. Ele faz residência permanente e pessoal em você, sentindo-se absolutamente "em casa" no seu coração.

É incrível pensar que Jesus pode se sentir "em casa" dentro de mim. Ele pode e quer sentir-se à vontade. Ele pode e quer deixar de ser apenas um hóspede para se tornar o proprietário, o dono da residência. Quando isso acontece, tudo muda. A sensação de estar na SUA casa é completamente diferente de quando estamos hospedados na casa de alguém. A minha casa precisa ser a casa d'Ele. Não mais a minha casa que tem um espacinho, um cantinho, um cômodo que ninguém usa e que não incomoda ninguém, disponível para ele passar a noite ali de vez em quando. Não. Ele quer se tornar o dono.

Isso significa que Cristo passa a ter a chave da porta. Ele abre a geladeira quando quer, Ele monta o cardápio do dia, coloca a música no volume que quiser, mesmo que acorde todo mundo. Ele pode até cantar no chuveiro se ele quiser. A casa é d'Ele, e não minha. Nós nos tornamos habitação d'Ele.

Parece simples e fácil, mas na verdade, penso que esse é um grande desafio. Especialmente no começo, nos sentimos um pouco estranhos, e pode ser até assustador, porque começamos a sentir fora de casa mesmo estando dentro da sua própria casa. Nós começamos a pensar: "Puxa, esse cara acabou de chegar e já quer dizer como as coisas devem ser... Espera aí. Eu estou perdendo o controle." É como se outra pessoa estivesse assumido o controle. Como se outra pessoa sentasse no meu sofá e pegasse o controle da televisão para escolher o que vamos assistir. "Mas é a minha casa! Quem manda aqui sou eu!" Certo, e como você está se saindo tendo o controle da sua vida em suas próprias mãos?

Tudo muda quando decidimos entregar. Como diz o texto: à medida que você confia; à medida que você entrega; à medida que você descansa; à medida que você crê n'Ele, é como se dissesse – "a casa era minha, mas agora é sua; por isso, pode assumir o controle e pegar a chave".

O que acontece em seguida é simplesmente incrível. Você começa a descobrir que é muito melhor ter Jesus como o dono da sua casa do que ser o próprio dono. É muito melhor ter Jesus como proprietário e residente permanente do que ser você o proprietário e tratá-lo apenas como um convidado especial ou eventual, ou alguém que aparece quando você precisa – uma espécie de "marido de aluguel" ou faz-tudo (conserta um chuveiro, troca uma lâmpada). Sim, é dessa maneira que muitas vezes nos relacionamos com Cristo. Quando a necessidade aparece, é só ligar (ou orar, ou ir à igreja, ou fazer um jejum, ou fazer uma promessa...) e ele vai, conserta tudo, e depois você já quer que ele vá embora porque já queremos voltar a curtir nossa casa – reassumir o controle e viver a vida do nosso jeito. "Jesus, estou precisando de uma bênção, um namorado/namorada; um concurso [...]". Nesses momento, queremos que ele habite. "Vem, Jesus! A casa é tua", mas quando o problema é resolvido: "Vai, Jesus! A casa é minha".

Por isso que o que Paulo está dizendo é: à medida que você confia, ele habita. Se você confiar muito, ele habitará muito. Se você confiar pouco, ele habitará pouco. Não é que Ele vai deixar de habitar, mas a questão é o quanto Ele se sentirá "em casa" dentro de nós. Mesmo que, na teoria, a casa seja d'Ele, me pergunto se nós temos permitido que Ele se sinta em casa. Porque quando isso acontece, o resultado é que começamos a nos enraizar em Seu amor. Pois quando Ele é dono daquele lar, automaticamente o Seu amor flui. Se expressa e se manifesta em nós e a partir de nós. Criamos raízes nesse profundas e são elas que ao se aprofundarem, irão nos sustentar.

O apóstolo, inspirado pelo Espírito, pinta um quadro que nos compara a uma árvore. Nesse desenho, o solo em que estamos plantados é o amor de Deus. E ele diz que, se deixarmos Cristo habitar em nós, é como se as raízes dessa árvore (que representa a nossa vida) se aprofundassem nesse solo. Sendo assim, na medida em que nos fundamentamos nesse solo, esse amor de Deus passa a nos sustentar, impedindo que sejamos levados por ventos, tempestades, problemas e circunstâncias. Essas raízes fortes tornam-se um alicerce que firma a nossa permanência nesse solo, evitando que voltemos à tentação de tratar Jesus como um convidado eventual.

Se deixarmos Ele habitar e passarmos a realmente confiar n'Ele, nossas raízes se aprofundarão nesse solo fértil que é o amor de Deus. E nós seremos fortes, porque esse solo dispõe de todos os nutrientes de que precisamos para crescer de maneira saudável. Como uma árvore grande e bem nutrida, nós iremos permanecer e frutificar. Não seremos abalados.

Cristo habita em nós. Mas a plena experiência dessa habitação acontece quando Ele fica realmente "em casa", e isso acontece à medida que cremos, confiamos e descansamos n'Ele. Esse aprofundamento, esse enraizamento é o que nós precisamos viver. O apóstolo Paulo complementa essa ideia numa outra passagem, encontrada em 1 Coríntios 3.1: "Irmãos, quando estive com vocês, não pude lhes falar como a pessoas espirituais, mas como se pertencessem a este mundo ou fossem criancinhas em Cristo".

Essa dureza que percebemos em Paulo não é sem motivo. Escrevendo aos cristãos da cidade de Corinto, onde ele havia estado algum tempo antes de escrever esta carta, Paulo afirma que havia ido até lá para ensiná-los a respeito de verdades espirituais profundas, mas, ao chegar, viu que isso não seria possível. Em vez disso, teve de tratá-los como crianças, como pessoas rasas, como pessoas sem raízes, porque eles se pareciam com pessoas que pertencem a este mundo (a este sistema corrompido pelo pecado), e não a Cristo, ou, na melhor das hipóteses, como recém-convertidos, ainda sem muita maturidade, como se estivessem engatinhando na fé. A frustração de Paulo refere-se ao fato de que aquelas pessoas, embora já tivessem algum tempo de caminhada com Jesus, ainda não estavam vivendo o verdadeiro evangelho e a plenitude de vida que Jesus oferece.

Na sequência (vs. 2-3a), ele diz assim: "Tive de alimentá-los com leite, e não com alimento sólido, pois não estavam aptos para recebê-lo. E ainda não estão, porque ainda são controlados por sua natureza humana".

Em resumo, Jesus ainda não era o dono da casa. Ele estava lá, mas os donos ainda eram eles. O controle ainda pertencia ao "eu", à velha natureza, à natureza humana. Ele completa (vs. 3b-4): "Têm ciúme uns dos outros, discutem e brigam entre si. Acaso isso não mostra que são controlados por sua natureza humana e que vivem como pessoas do mundo? Quando um de vocês diz: 'Eu sigo Paulo', e o outro diz: 'Eu sigo Apolo', não estão agindo exatamente como as pessoas do mundo?".

Aparentemente, essa era uma discussão constante na igreja de Corinto. Paulo havia plantado aquela igreja, enquanto Apolo (outro líder no contexto da igreja do primeiro século, embora não fosse um dos apóstolos) dera seguimento, pregando e ensinando por algum tempo ali. Contudo, depois que Paulo foi embora e depois que Apolo também deixou Corinto, a igreja não soube lidar com o aparente vazio de liderança e começou a se dividir. Algumas pessoas começaram a dizer: "eu prefiro Paulo", e outras: "eu gosto mais de Apolo". Havia ainda os mais "espirituais", que diziam: "eu sou de Jesus" (sempre tem alguém que faz isso)! E então começaram a haver disputas por conta disso. Como se o foco fossem as pessoas dos líderes, e não o próprio Cristo.

O que Paulo está dizendo é: vocês estão fazendo exatamente o que a lógica desse mundo faz. Estão brigando e criando partidos e divisões. Que diferença há, então, entre vocês e os que não creem? E ele continua:

Afinal, quem é Paulo? Quem é Apolo? Somos apenas servos de Deus por meio dos quais vocês vieram a crer. Cada um de nós fez o trabalho do qual o Senhor nos encarregou. Eu plantei e Apolo regou, mas quem fez crescer foi Deus. Não importa quem planta ou quem rega, mas sim Deus, que faz crescer. Quem planta e quem rega trabalham para o mesmo fim, e ambos serão recompensados por seu árduo trabalho. Pois nós somos colaboradores de Deus, e vocês são lavoura de Deus e edifício de Deus. (vs. 6-9)

De modo interessante, também nesta passagem Paulo usa a figura de uma árvore, ou melhor, de uma lavoura ou plantação – referindo-se à comunidade dos discípulos. Ele se refere aos líderes como colaboradores ou cooperadores que contribuem para o crescimento da igreja, e se refere à igreja como uma lavoura, uma plantação, ou ainda um edifício – que é uma ideia semelhante nesse contexto. Sim, porque, da mesma forma como a árvore precisa de raízes fortes para se sustentar, um edifício precisa de uma boa e sólida fundação para se manter em pé. E ele explica qual é esse alicerce (vs. 10-11): "Pela graça que me foi dada, lancei o alicerce como um construtor competente, e agora outros estão construindo sobre ele. Mas quem constrói sobre o alicerce precisa ter muito cuidado, pois ninguém pode lançar outro alicerce além daquele que já foi posto, isto é, Jesus Cristo".

Esse é o alicerce, esse é o solo fértil. É o amor d'Ele, é quem Ele é. E nós estamos enraizados e alicerçados em Jesus. Não pode haver outro alicerce. Não importa quem apareça sobre uma plataforma para pregar, não importa quem lidera, não importa quem é o líder no contexto da sua igreja ou de onde você serve em seu ministério. Nada disso importa. Somos todos apenas colaboradores, cooperadores. Quem dá o crescimento é Deus. Por isso, a glória é d'Ele. É tudo d'Ele, por Ele e para Ele. Ele é o solo fértil que nos permite crescer. E os versos 16 e 17 concluem esse raciocínio retomando a ideia que introduziu este capítulo: "Vocês não entendem que são o templo de Deus e que o Espírito de Deus habita em vocês? Deus destruirá quem destruir seu templo. Pois o templo de Deus é santo, e vocês são esse templo".

Templo significa tabernáculo, casa ou lugar de habitação. Preste atenção ao que Paulo está dizendo: você é a casa de Deus. Por isso, se alguém ameaçar destruir você, sabe o que Deus fará? Ele o destruirá. É por isso que Deus destruirá o diabo e o inferno, porque "ele veio para matar, roubar e destruir" (João 10.10). Porque ele tenta nos destruir, o fim dele será destruição. Porque Deus vai destruir quem tenta destruir o seu templo. Essa convicção precisa encher nosso coração de esperança, alegria e segurança! Nossa casa não será abalada. Desde que confiemos nele. Desde que ele nos habite. À medida que confiamos, ele habita. Ele se sente mais "em casa" na casa dele.

Como será que Jesus se sente hoje no nosso coração? Será que podemos afirmar com segurança que Cristo está à vontade com a vida que nós vivemos ou se estamos realmente alicerçados na rocha que é o seu amor, a base e o fundamento que deve nos sustentar? E que, por isso, Jesus tem liberdade para habitar em nossos corações, tomar conta da nossa vida e guiar nas decisões? Ou as nossas vidas têm sido controladas por nós mesmos? Quem tem a chave nas mãos?

Nós somos templo de Deus, templo do Espírito Santo, e Deus cuida do que é d'Ele, ou seja, se somos o lar do Senhor, é Ele quem vai cuidar de nós. E é por isso que precisamos deixar que Ele faça esse papel, que Ele tire todas as coisas de lugar, faça uma faxina e reforme local. Pois sabendo o que é melhor para cada um de Seus filhos, Ele tabém sabe o que deve entrar e sair de nossas vidas. Talvez seja o momento de dizer, de uma vez por todas:

> Jesus, eu não quero mais controlar, eu não quero ser mais o dono dessa casa, porque o Senhor já habita em mim. E eu sei que, à medida que confio, o Senhor habita mais; à medida que me entrego e descanso, o Senhor vai tomando conta e

organizando as coisas do Seu jeito. E assim a casa não fica mais fora de ordem e bagunçada. Minhas emoções, meus sentimentos, vontades, sonhos e planos, tudo encontra seu devido lugar quando o Senhor toma conta. O Senhor cuida do que é seu. E o Senhor cuida de mim, porque eu sou a Sua casa, a Sua habitação.

Deixe Jesus entrar e ficar à vontade. **Faça do seu coração uma casa onde Jesus se sinta em casa.**

Meditar e orar:

No momento, estamos do lado de fora do mundo, do lado errado da porta. Nós discernimos o frescor e a pureza da manhã, mas eles não nos tornam frescos e puros. Nós não conseguimos nos misturar com o esplendor que vemos. Mas todas as folhas do Novo Testamento estão sussurrando com o rumor de que não será assim para sempre. Um dia, se Deus quiser, nós vamos entrar. (C. S. Lewis)

Capítulo 6

AMADOS
O multidimensional amor de Deus por você

*Nós nos tornaremos com nossas vidas
e o que fizermos com nosso amor.
(Bob Goff)*

Em nosso universo, costumamos enxergar, tanto em seres animados quanto nos objetos inanimados, três dimensões básicas: largura, comprimento e altura. Vivemos em um mundo tridimensional - ao menos quanto ao que conseguimos enxergar e manusear no dia a dia. Na sequência do texto de Efésios, nos versos 18 e 19, o apóstolo Paulo, ao descrever o amor com o qual Cristo ama sua Igreja, curiosamente acrescenta uma quarta dimensão, que, na verdade, já está contida numa das outras três.

> Também peço que, como convém a todo o povo santo, vocês possam compreender a largura, o comprimento, a altura e a profundidade do amor de Cristo. Que vocês experimentem esse amor, ainda que seja grande demais para ser inteiramente compreendido. Então vocês serão preenchidos

com toda a plenitude de vida e poder que vêm de Deus. (Efésios 3.18-19)

Sabemos que altura e profundidade são apenas duas formas diferentes de se descrever uma mesma realidade, mas neste caso essa distinção se revelará importante.

Toda pessoa ou objeto ocupa um lugar no espaço. Uma das ideias básicas da física é que dois corpos não podem ocupar um mesmo lugar no espaço. Ou seja, a sua presença onde você está neste momento lendo este livro impede que outra pessoa ou coisa esteja aí. Por essa razão, quanto maiores as dimensões dessa pessoa ou coisa, maior será o espaço por ela ocupado e, consequentemente, menor será o espaço disponível para outras pessoas ou outros objetos. Se eu decidir ter um sofá de quatro lugares, minha sala de estar terá muito menos espaço sobrando do que se eu optasse por uma simples cadeira.

O sofá preenche a sala e ocupa lugar de destaque por conta das grandes dimensões que tem. E, quanto maior for o sofá, mais difícil será medi-lo, ou compreendê-lo. Porque compreender significa ter exata noção das dimensões do objeto estudado ou medido. Significa saber descrever com exatidão, clareza e precisão aquilo que se observa. Compreender é conhecer para tornar conhecido.

Paulo refere-se ao amor de Cristo como "algo grande demais para ser inteiramente compreendido". Muito maior do que o maior sofá que jamais pensamos em ter. Não há trena ou fita métrica capaz de medir ou compreender o amor de Jesus por mim e por você. Como esse amor é imensurável, não precisamos nos preocupar em medi-lo, afinal é grande demais para isso. Mas devemos fazer de tudo para experimentá-lo ao máximo. E vemos que o pedido de Paulo em favor da Igreja é também o que o Espírito Santo deseja para nós hoje, que nos aprofundemos nesse multidimensional amor de Cristo por nós. Dizer que não podemos compreender inteiramente o amor de Deus não significa que não há nada que possamos compreender. O texto claramente afirma que ele (ESTOU ME REFERINDO AO AMOR, E NÃO A DEUS) é grande demais para ser "inteiramente" compreendido. Significa que há algo desse amor que nossa mente é capaz de captar.

A Palavra de Deus revela várias coisas que podemos compreender acerca do Seu amor por nós: que Ele nos amou tanto que entregou seu único Filho para morrer em nosso lugar, a fim de que fôssemos salvos (João 3.16); que o Seu perfeito amor atua em nós e lança fora todo o medo de juízo e condenação (1 João 4.18); que Ele ama os perdidos e deseja que todos sejam salvos (1 Timóteo 2.4); que, em resposta ao Seu amor, nós podemos e devemos amar a Ele e ao próximo (1 João 4.19 e Mateus 22.37-40), entre tantos outros ensinamentos do que somos capazes de fazer e entender a respeito desse amor.

Imagine que eu descreva a você uma das experiências mais incríveis que tive quando minha esposa e eu moramos na Austrália e visitamos a praia com a areia mais branca do mundo (ao menos de acordo os australianos), em Jervis Bay. Posso comparar o branco da areia com o de vários objetos, falar do contraste entre o azul-esverdeado do mar e o branco da areia, e como a luz do sol é refletida na areia a ponto de quase atrapalhar a visão, tão clara ela é. Posso falar dos dois dias incríveis que passamos naquele lugar paradisíaco e até mostrar fotos para tornar a imagem o mais nítida possível em sua mente. Se, ao fim da conversa, eu perguntasse se você *compreende* o que eu disse sobre Jervis Bay, qual seria sua resposta? Bem, imagino que seria "sim, claro, parece um lugar lindo" ou algo do tipo, certo? Nenhuma dificuldade de *compreender* o que foi dito. Podemos concordar, porém, que *compreender* o que alguém conta sobre uma viagem que fez não é exatamente igual a *experimentar* o mesmo que aquela pessoa experimentou ao fazer essa viagem! Se fosse assim, bastaria pesquisar no google as fotos e descrições dos lugares mais incríveis do mundo, e ninguém mais precisaria ir até eles. Ou assistir aos programas de culinária e aprender as receitas mais deliciosas, sem jamais precisar prová-las. Loucura, certo? O ponto em questão, e que me parece ser a preocupação de Paulo com os Efésios (e, por isso, a razão de sua oração em favor deles), é que tentamos tanto compreender certas partes incompreensíveis do amor de Deus que acabamos deixando de simplesmente experimentá-lo.

O amor de Deus por você, antes de ser o seu objeto de estudo e análise, precisa ser uma realidade na qual você se encontra cada vez mais imerso e por meio da qual você é transformado e moldado à semelhança de Jesus. É mais do que um conceito ou uma ideia. É um lugar a ser ocupado. Imenso, espaçoso, incrível. E infinitamente mais.

E é assim que poderemos não apenas conhecer, mas também tornar Jesus e seu amor conhecido a outros: convidando-os a experimentá-lo por si mesmos! Por mais que descrevamos ou expliquemos, o melhor caminho para que alguém conheça Jesus sempre será por meio de um simples convite, como o feito por Filipe a Natanael para que ele também seguisse a Jesus: "Venha e veja" (João 1.46). Quais são, então, as dimensões desse amor, e por que Paulo acrescenta uma quarta dimensão (profundidade), a qual aparentemente já se encontra inserida na terceira (altura)?

Largura: *um amor que abraça*

Ouvi um pregador dizer certa vez que o amor de Deus nos propõe um caminho tão estreito e exclusivo que apenas por meio de Jesus é possível experimentá--lo, mas tão largo e inclusivo que todo aquele que deseja pode entrar. Penso que ele estava certo.

Jesus disse que a porta e o caminho que levam à salvação são estreitos e que, por isso, poucos são os que conseguem entrar (veja Mateus 7.14). No entanto, o poeta que escreveu o Salmo 18 afirma, no verso 19, que Deus respondeu sua oração e o conduziu a um "lugar espaçoso". E acredito que exista uma convergência entre essas ideias. A exclusividade que vemos em Cristo parece não combinar com o discurso (nem sempre acompanhado da prática) inclusivo da sociedade pós--moderna em que vivemos. Eliminar outros caminhos e possibilidades e afirmar que somente em Jesus há vida, verdade e salvação é praticamente assinar um atestado de intolerância e ser acusado de um discurso odioso e preconceituoso em algumas esferas da vida social. No entanto, penso que isso se deva a uma interpretação precipitada dessa "exclusividade" do amor cristão.

De fato, a fé cristã, se estiver certa (como eu creio estar), faz com que todas as outras possibilidades de interpretação a respeito da vida (e mesmo da morte) que a contradizem estejam erradas. Tenho de admitir que isso é radical e exclusivo. Ao mesmo tempo, qual é a alternativa que se poderia adotar em nome de uma suposta "inclusão"? Dizer que todos os caminhos são igualmente válidos e certos? Defender que a verdade está naquilo em que cada um quer acreditar? Defender o direito à liberdade para crer no que quiser é diferente de defender que aquilo em que se crê, independentemente do que seja, é verdadeiro. Se existe verdade, existe mentira. E, se ambos existem, nada passa a ser mais essencial do que separar um do outro.

Por que então podemos entender que o amor de Deus é "largo" ou, na linguagem do salmista, "espaçoso", se Jesus deixou clara a exclusividade do seu chamado para o seguirmos? Como disse o já mencionado pregador, embora exclusivo e estreito, o amor de Deus é também inclusivo e largo, porque é um caminho aberto a toda e qualquer pessoa, e o único requisito para trilhar esse caminho iguala ricos a pobres, pretos a brancos, homens a mulheres, adultos a crianças e todas as demais distinções criadas socialmente: a fé em Jesus. Se tenho fé, estou qualificado. E mesmo se não tenho, posso pedir e receber, uma vez que a fé também é dom de Deus (veja Efésios 2.8). Assim, ninguém, a menos que queira, encontra-se excluído. E se alguém se exclui por decisão própria, já não se pode afirmar categoricamente que se trata de um caminho exclusivo. A realidade é que Deus ama todas as pessoas, e provou o seu amor enviando o seu Filho Jesus para morrer de braços abertos, estendendo seu convite de amor a todos quantos queiram aceitá-lo. O amor de Deus abraça você hoje. Permita-se ser abraçado por esse amor.

Comprimento: *um amor que alcança*

Escrevi esse capítulo num avião, cruzando o planeta da Nova Zelândia ao Chile, em um dos vários voos para retornar da Austrália (onde moramos por um ano) ao Brasil. Uma das coisas mais desencorajadoras que se pode fazer durante um voo longo é torturar a si mesmo observando o mapa na tela à sua frente, que mostra onde o avião se encontra e a distância até o seu destino. Depois de dezenas de horas voando, tudo o que você consegue ver nesse maravilhoso mapa interativo é que ainda restam centenas de outras horas para a viagem terminar. Se você é daqueles que ama voar, ótimo. O mapa vira quase um videogame. Caso contrário, olhar para o mapa pode ser uma experiência no mínimo frustrante. Quando olhamos para esse ou qualquer outro mapa, o que todos têm em comum é um recurso chamado escala. Não me refiro à parada que os aviões fazem entre um destino e outro, mas à proporção utilizada para representar uma realidade que não pode ser contida dentro da tela ou página onde o mapa é desenhado. A escala faz com que o mapa seja um retrato fiel daquilo que se propõe a descrever, embora o objeto descrito não caiba inteiramente naquela imagem, pelo fato de ser grande demais. Em um certo sentido, como vimos, o amor de Deus é grande demais para que possamos compreendê-lo por inteiro. No entanto, a beleza dessa realidade é que nenhuma distância é capaz de nem sequer abrir um pequeno vão entre Deus e nós.

O comprimento do amor dele por você é maior do que a distância entre o ponto mais distante do universo e o lugar onde você se encontra agora, e nada - nem mesmo a morte, nem os maiores poderes, visíveis ou invisíveis - pode nos separar do amor de Deus, que está em Cristo Jesus, nosso Senhor (veja Romanos 8.38-39).

Aquilo que podemos experimentar do amor de Deus por nós hoje é apenas uma escala – uma pequena amostra, uma degustação – da imensa e imensuravelmente comprida realidade desse amor. Ele alcança aquele que julgamos serem inalcançáveis e penetra os lugares mais distantes e sombrios do coração humano, trazendo restauração, cura e paz. Às vezes nos sentimos tão longe de Deus que temos a sensação de que Ele talvez não seja mais capaz de alcançar e transformar nossa vida, ou imaginamos que, por conta de nossas decisões ou mesmo por coisas que outras pessoas fizeram a nós, não sejamos mais um alvo do Seu amor.

No entanto, o amor dele é comprido o bastante para nos alcançar. Onde quer que tenhamos nos escondido ou outros tenham nos forçado a ir, Ele pode e quer chegar para nos levar de volta à segurança e alegria da Sua presença. Deus nos ama demais para nos deixar onde estamos. Afinal Ele é assim - incansável na busca daquele que se perdeu.[1]

Altura: *um amor que cresce*

O pastor líder da minha igreja local, Gilberto Wegermann, sempre diz que "Deus está mais interessado no seu crescimento do que no seu conforto". Tenho

---

[1] Veja Lucas 15 e as parábolas da ovelha perdida, da moeda perdida e do filho perdido, todas elas apontando para a mesma realidade do Pai em busca de resgatar e salvar os seus filhos, por meio do seu Filho Jesus.

aprendido de maneiras às vezes desconfortáveis que isso é verdade. Crescer dói, faz nossas estruturas serem questionadas e alteradas. Requer adaptações, abandono de ideias excessivamente infantis e inadequadas e tomada de posturas maduras, firmes e baseadas em convicções.

Amar não é fácil, e amar como Jesus é ainda mais difícil. É, na verdade, impossível, a menos que seja Ele em nós a nos fazer crescer em amor.

Pensar em altura é pensar em crescimento. Como alguém que ouviu de um médico, aos cerca de dez anos idade, que teria mais de um metro e oitenta e se tornou um adulto com uma altura perfeitamente adequada de um metro e setenta e um sentimentos, sei muito bem do que estou falando (fique tranquilo, esse trauma já foi vencido). No entanto, quando Paulo cita a altura como uma das dimensões do amor de Deus por nós, ele certamente não quer dizer que esse o amor aumente com o passar do tempo, ou de acordo com o nosso desempenho. Deus não pode nos amar mais nem menos. Ele simplesmente nos ama (graças a Ele por isso! Eu estaria perdido se dependesse do meu desempenho para ser amado por Ele).

O que muda e cresce é a nossa compreensão do tamanho desse amor, e, consequentemente, o crescente efeito ou impacto que esse amor passa a ter em nossas vidas e na vida das pessoas ao nosso redor. A altura do amor de Deus é o que deve nos mover na direção de deixar que esse amor cresça e se torne cada vez mais alto também em nós, não apenas em estatura, mas também em volume, como uma voz que será ouvida pelas pessoas na medida em que se relacionarem conosco e se sentirem amadas por Deus por meio da maneira como nós as amaremos.

Essa mesma altura é também fonte de segurança e proteção para nós. Podemos descansar no fato de que somos amados por um Pai cujo amor por seus filhos é tão grande e forte que nada nem ninguém pode nos tomar de seus braços. Podemos crescer seguros em amor sob os cuidados de um Pai cujo amor é alto o bastante para nos proteger e sustentar em seus braços. Como um pai que parece um gigante aos olhos do seu filho ainda criança - mas muito, muito mais alto. Mais alto que um metro e oitenta.

Profundidade: *um amor que permanece*

Chegamos finalmente à quarta e última dimensão. Paulo descreve o amor de Deus como algo profundo. Suspeito que, com isso, ele quisesse nos lembrar da imagem de Salmos 1, uma árvore plantada junto às águas, cujas raízes são profundas o bastante para obter os nutrientes necessários para manter-se forte e frutífera.

Imagino que ele tivesse em mente sua frustração com os Coríntios e os Hebreus (caso seja ele o autor dessa carta), aos quais se referiu como infantis e ainda dependentes de conceitos básicos a respeito da fé (chamados por ele de "leite" espiritual), quando já deveriam ser maduras e capazes de ensinar outros acerca de verdades e realidades mais profundas (veja 1 Coríntios 3.2 e Hebreus 5.11-14).

Talvez ele acreditasse, como escreveu aos Colossenses, que a única maneira de crescermos para cima (em altura, ou seja, impacto e relevância) seja crescendo primeiro para baixo (em fundamentos, alicerces, convicções e conhecimento), ou, nas palavras de Paulo: "Aprofundem nele [Cristo] suas raízes e sobre ele edifiquem sua vida" (veja Colossenses 2.7).

Ele poderia estar pensando ainda acerca do que escreveu aos Romanos (veja Romanos 11.33-36) acerca da profundidade da riqueza, sabedoria e do conhecimento de Deus, cujos caminhos e juízos a mente humana é incapaz de compreender – tal como não consegue compreender inteiramente, como vimos, o amor desse mesmo Deus em seu favor.

Tenho outras boas suspeitas acerca do porquê da menção feita por Paulo à profundidade do amor de Deus por nós. Mas a principal de todas elas é que profundidade, em algumas dessas e em outras passagens bíblicas, é um conceito frequentemente associado à ideia de *permanecer*.

Paulo muito provavelmente teve acesso, por meio de seu relacionamento com os demais apóstolos e com os evangelistas, às palavras de Jesus registradas em

João 15. Nesse capítulo, encontramos a figura de Jesus como a videira verdadeira, o Pai como o agricultor e nós como os ramos. A ideia básica dessa figura de linguagem é mostrar que o ramo, se desconectado da videira, não poderá frutificar. Aliás, não poderá nem mesmo sobreviver. Sem Jesus, nada podemos fazer (veja João 15.5).

À primeira vista, essa abordagem soa um tanto quanto pragmática. Seria a razão para permanecermos em Cristo apenas a possibilidade de "produzirmos" algo? Na verdade, a ideia central dessa imagem pintada por Jesus, e que permeia todo o capítulo e esse discurso completo (que encontramos em João 13 a 17), é o amor de Deus por nós, revelado na pessoa de Cristo. Somos convidados não apenas a conhecer e experimentar, mas a permanecer nesse amor.

Logo após dizer que devemos permanecer nele (João 15.4), Jesus disse: "Eu os amei como o Pai me amou. Permaneçam no meu amor" (João 15.9).

PERMANECER EM JESUS É PERMANECER NO AMOR DE JESUS

É curioso pensar nessa ideia associada à imagem de uma árvore frutífera. Ainda nesse mesmo capítulo,

Jesus afirma que a maneira pela qual permanecemos no seu amor é obedecendo aos seus mandamentos (João 15.10), e que a essência desses mandamentos é amarmos uns aos outros como ele nos amou (João 15.12). Significa dizer que o fruto (efeito) de permanecermos em Cristo, ou no amor de Cristo, será amarmos as pessoas da mesma forma que ele nos ama. Mas esse é também o meio pelo qual permanecemos nele. Causa e efeito parecem ser idênticos nesse caso. E de fato são, porque a chave não está tanto naquilo que nós fazemos, mas naquilo que ele faz por intermédio de nós. O ramo não precisa se esforçar para produzir frutos. Basta que esteja conectado à videira, e ele estará repleto de uvas doces e suculentas na estação apropriada. A videira faz todo o trabalho, pois suas raízes profundas e fortes fornecem aos ramos os nutrientes necessários para que eles floresçam e frutifiquem.

O objetivo de Jesus ao nos convidar para permanecermos em seu amor é para que possamos produzir "fruto que permaneça" (João 15.16). Desse modo, glorificaremos ao Pai (João 15.8) e nossa alegria será completa e transbordará! (João 15.11).

Somos chamados a firmar nossas raízes em Cristo. A permanecer. Vivemos num tempo de constantes mudanças e transições. É tão fácil sair de onde estamos em busca do "novo", da "oportunidade". Fazemos isso com naturalidade em relação a empregos, relacionamentos, casas... Mudamos de um lugar para o outro e negligenciamos a importância de firmar raízes. Não é por acaso que frequentemente colhemos poucos frutos e nos frustramos com os resultados e com o legado de nossas vidas. Sem raízes, não há fruto. Pode até haver uma uva aqui ou ali, mas não há fruto que permaneça.

O mesmo fenômeno acontece também nas igrejas hoje. Muitas pessoas trocam de igreja na mesma facilidade com que trocam de roupa. Tornam-se consumidores de conteúdo cristão. Da mesma forma como trocam de um seriado para o outro, escolhem entre as diferentes opções e os diversos estilos de música, de pregação, de atividades para crianças e jovens... E assim mantêm um envolvimento superficial, sem firmarem raízes e sem se comprometerem de modo concreto com uma comunidade de fé.

Um dos efeitos dessa realidade é uma vida cristã igualmente superficial e muito menos frutífera do que poderia ser. Sem comprometimento e vida compartilhada por anos com um mesmo grupo de pessoas, não há transformação real e duradoura. Precisamos de intimidade e vulnerabilidade para crescermos. Precisamos fincar as raízes para frutificarmos. Precisamos amar e sermos amados, não por dias ou semanas, mas por anos e décadas. Precisamos de uma família de fé para a jornada, não de um grupo de amigos para o fim de semana.[2]

No Salmo 92.13, lemos que os justos (termo que, na linguagem bíblica e à luz do Novo Testamento, devemos interpretar como aquele que foi justificado por Deus) florescerão "pois estão plantados na casa do Senhor".

Você está plantado numa igreja local? Ou tem se permitido transplantar de jardim em jardim, sem nunca estabelecer raízes? Sua vida tem produzido frutos que permanecerão para além de você mesmo?

Benjamin Windle disse: "Numa cultura superficial, profundidade é atraente".[3]

---

[2] Por óbvio que seja, é preciso ressaltar que a igreja é uma comunidade imperfeita porque é composta por pessoas imperfeitas. Nessa comunidade, seja ela qual for, por vezes seremos feridos e ofendidos. No entanto, é nesse mesmo ambiente que seremos também tratados e curados. Não significa dizer que trocar de igreja seja sempre uma decisão errada e que devamos nos submeter a toda e qualquer ofensa. Há casos de abusos, de erros doutrinários graves e outras situações que podem justificar uma mudança, além, é claro, de uma direção dada por Deus em casos específicos. O ponto que quero enfatizar é a troca constante, motivada por um mero incômodo ou insatisfação decorrente de preferências pessoais e de uma falta de comprometimento e disposição de ser confrontado, exortado ou mesmo prejudicado, em favor do outro e da comunidade. Precisamos resgatar o verdadeiro sentido de sermos igreja e abandonar a ideia de "frequentar" um espaço físico semanalmente, como se isso atendesse ao convite de Jesus para fazermos parte da sua família de fé e, nesse ambiente, permanecermos em seus mandamentos. A Igreja é o corpo e a noiva de Cristo, e não posso me comprometer com Jesus sem me comprometer com a sua Igreja.

[3] Tradução do autor. Disponível no artigo **Eight innovations to leading millenials** (Oito inovações para liderar millenials), em *https://www.millennialswhitepaper.com*. Acesso em outubro de 2019.

Somos convidados a crescer para baixo, para que então cresçamos também para cima. Somos chamados a crescer na profundidade do amor de Deus, e a entender que esse amor é um lugar, um ambiente que precisamos ocupar para o nosso próprio bem e para o bem das pessoas ao nosso redor – familiares, amigos e o mundo que ainda não conhece Jesus. É somente nesse ambiente que, juntos, como igreja, poderemos frutificar.

Qual é o seu lugar no mundo? Não somente o lugar que você ocupa hoje, mas o lugar que você precisa ocupar? O lugar que precisa ser ocupado não apenas por você, mas por todos nós, juntos, como um só corpo?

Esse lugar não é só um lugar. São vários lugares, posições e realidades, a partir dos quais ocuparemos e preencheremos espaços até então vazios, mesmo que cheios de gente. Vazios de esperança, de sentido. Vazios de amor. Espaços que pedem e esperam por algo ou alguém que ainda não conhecem. Espaços à espera daquele que precisamos tornar conhecido.

O amor de Deus é multidimensional e requer tudo de nós. Requer que cresçamos em todas as direções e num ambiente de comprometimento mútuo, de relacionamentos autênticos e de amor incondicional – amar como ele nos ama. Não teremos ideia do quão amados somos até que comecemos a nos amar dessa mesma forma. E precisamos fazer isso juntos.

Somos um para sermos o seu amor em todos.

Meditar e orar

Eu sou a videira, vocês são os ramos. Quando vocês estiverem unidos a mim e eu a vocês, num relacionamento íntimo e orgânico, não imaginam que colheita terão. [...] É desta maneira que meu Pai demonstra quem ele é: quando vocês produzem frutos, quando demonstram maturidade como meus discípulos. [...] Este é meu mandamento: amem uns aos outros como eu amei vocês. É a melhor maneira de amar.
(João 15.5-12 – A Mensagem)

Epílogo

EXPECTATIVA X REALIDADE

> *Na Bíblia, Deus não nos dá um argumento irrefutável, e sim uma pessoa irrefutável, contra quem, no fim das contas, não há argumentos.*
>
> *(Dick Lucas)*

Desde a explosão de crescimento das redes sociais e do YouTube, um fenômeno ganhou força e espaço no imaginário e no coração das pessoas de uma maneira avassaladora e descontrolada: os "memes". Seja nos aplicativos de troca de mensagens ou nas redes sociais, e mesmo quando não queremos nem procuramos, recebemos "memes" novos e criativos (uns mais, outros nem tanto) a todo momento.

Um dos elementos mais presentes nessas obras de arte da sociedade pós-moderna (espero que ironia seja facilmente detectada nesta frase) é uma brincadeira com a oposição expectativa vs. realidade. Numa primeira imagem, vemos pessoas extremamente empolgadas com o que imaginam estar prestes a acontecer, mas na imagem seguinte nota-se a expressão de desapontamento profundo porque a realidade pouco ou nada tem a ver com a expectativa criada.

Creio que a razão de acharmos tanta graça nesse tipo de "meme" é que ele reflete uma experiência muito comum das nossas vidas reais. Por isso, facilmente nos vemos naquelas cenas e praticamente conseguimos sentir a dor ou a frustração daqueles personagens que tiveram de se contentar com muito menos do que previram anteriormente – no momento da geração da expectativa, do sonho, da visão de um futuro desejado. Se você se parece comigo, não são poucas as vezes em que nossas vidas se parecem com um "meme". Não é que alguém me falou sobre o "meme" ou me mostrou o "meme": eu sou o próprio "meme"!

Alguns anos atrás, quando eu estava noivo, fiz uma viagem para visitar meus tios e primos que estavam morando nos Estados Unidos, e como um bom brasileiro de classe média que tem a chance de ir para a terra do Mickey, resolvi fazer umas compras online para serem entregues na casa deles (não me julgue).

Combinei com a Andressa que traria as coisas que ela achasse importantes para a nossa futura casa, mas, como um bom noivo – ou me achando um bom noivo, na época –, resolvi fazer uma surpresa.

Minha esposa é nutricionista e ama cozinhar! Eu não sou nutricionista e adoro comer o que ela cozinha. Nada melhor então do que fazer uma surpresa trazendo um jogo de panelas, certo? Encontrei então o que me parecia ser uma oportunidade imperdível! Um conjunto de quatro panelas de cerâmica daquelas coloridas e chiques, que só gente rica e famosa tem em casa, por um preço ridiculamente baixo. O que mais eu poderia pensar senão que aquela era realmente a terra onde sonhos tornam-se realidade? Rapidamente adicionei ao meu carrinho virtual e mandei entregar na casa dos meus tios, já sonhando com o sorriso da minha futura esposa ao receber o presente dentro de algumas semanas. Feitas as compras, viajei com minha família e, ao chegar, fomos direto abrir as caixas com as encomendas. Nenhuma delas me parecia grande o suficiente para acomodar quatro panelas de porte médio como as que eu havia adquirido. À medida em que as caixas eram abertas, todos encontravam o que haviam encomendado, exceto eu, mas ainda restava um último embrulho. O (literalmente) pequeno detalhe é que esse último embrulho não era exatamente uma caixa. Era um envelope, que eu havia desprezado completamente porque obviamente não era para mim. Afinal, eu não havia comprado um conjunto de cartões-postais, ou uma coleção de papéis de carta (ainda existe isso?) eu havia comprado panelas. Abri o envelope. Não sabia o que esperar, mas certamente não esperava encontrar o que encontrei. As quatro lindas e coloridas panelas francesas que eu havia comprado a preço de banana eram, na verdade, quatro lindos e caros ímãs de geladeira em formato de panelas.

    A viagem de volta para casa foi realizada com espaço sobrando na bagagem e frustração sobrando no coração (que drama!). Como a Andressa não sabia da surpresa, ela achou lindos os ímãs e eles estão na nossa geladeira até hoje. Eu não vou muito com a cara deles. A vida real é feita de momentos assim. Em que a realidade não apenas aparece mas atropela sem dó certas expectativas que criamos e alimentamos ao longo do tempo – em alguns casos, por meses ou mesmo anos. A frustração pode aparecer como um relacionamento extremamente promissor que acaba se rompendo inesperadamente, como uma entrevista de emprego que não é seguida da tão aguardada ligação, como um resultado de vestibular ou concurso em que o seu nome não aparece na lista de aprovados. Seja qual for a situação, a sensação pode ser avassaladora.

Existe também o outro lado. Nem sempre as expectativas criadas são positivas e acabam frustradas por decepções ou tragédias. Às vezes, acontece o oposto: criamos expectativas altamente negativas a respeito do nosso futuro e somos positivamente surpreendidos quando aquilo não acontece, ou quando algo muito melhor vem ao nosso encontro. De uma maneira ou de outra, o fato é que sempre há uma distância entre expectativa e realidade. Quando nossas expectativas são muito positivas e a realidade não as corresponde, a frustração pode ser grande. Quando nossas expectativas são baixas e a realidade as ultrapassa, a sensação é de uma boa surpresa.

Essa mesma dinâmica pode ser vista com frequência no nosso relacionamento com Deus. Muitas pessoas se veem em fases ou estações na sua vida espiritual nas quais não sabem como lidar com a distância entre expectativas criadas e realidades vividas. Isso se torna especialmente desafiador quando o quadro da realidade parece aquém da expectativa criada a respeito de como seria andar com Jesus e ter um relacionamento pessoal com ele.

O fato é que, com a vida real, vêm dores, frustrações e tristezas que nem sempre compõem o conjunto de expectativas que criamos. Seja por conta de ensinos distorcidos recebidos ao longo do tempo, ou leituras equivocadas das Escrituras, ou mesmo de ideias preconcebidas na nossa própria mente, imaginamos que, por buscarmos a Deus e sua vontade, tudo agora precisa dar certo.

Quantas vezes imaginamos que, por frequentarmos uma igreja, servirmos e eventualmente até contribuirmos financeiramente, nossa vida se tornaria mais fácil e as bênçãos de Deus aniquilariam o sofrimento e a dor do nosso caminho.

Criamos uma fórmula de sucesso absoluto e necessário que deve acompanhar aqueles que buscam fazer coisas boas e obedecer à Palavra de Deus, e esperamos que essa fórmula funcione sempre, de maneira instantânea e automática. Mas assim como as circunstâncias não respeitam essa fórmula, a vida com Deus também não funciona sempre dessa maneira.

Depois de tudo o que já conversamos a respeito da jornada em direção a nos tornamos mais semelhantes a

Jesus, vamos refletir sobre o desafio de viver a realidade dessa jornada, e não as expectativas que criamos a respeito dela.

O convite que Jesus tem para nós não é o de termos todas as nossas expectativas atendidas uma vez que colocamos nele nossa fé. É um convite para um relacionamento pessoal, íntimo e profundo no qual os resultados não estão sob o nosso controle. Mas, afinal, que convite é esse e qual é a realidade com a qual nos deparamos ao aceitá-lo?

O convite

Jesus fez vários convites para que pessoas o seguissem durante o seu ministério aqui na terra. Chamou pessoas diferentes, em momentos diferentes, de maneiras diferentes e em lugares diferentes. No entanto, à medida em que essas pessoas se aproximavam dele e desenvolviam um relacionamento com Ele, descobriam que segui-lO não seria algo fácil. Muitos desistiram de segui-lO e declinaram o convite ao longo do caminho.

Frequentemente encontramos Jesus dirigindo-se a multidões nas narrativas dos evangelhos. Ele estava sempre cercado de gente curiosa para ouvir o que ele tinha a dizer, mas após ouvi-lO, muitos voltavam à velha vida e apenas um grupo menor de discípulos continuava a seguir o Mestre. Eles – os 12 e mais alguns homens e mulheres mais íntimos de Jesus – eram aqueles que, embora vacilassem, negassem e eventualmente pensassem em desistir, estavam gradativamente descobrindo que não havia para onde (ou para quem) ir (João 6.68).

Em Lucas 9.23, vemos um desses episódios em que Jesus se dirige a um grande número de pessoas com uma palavra dura e exclusiva. Aliás, num primeiro momento, temos a impressão de ser uma palavra incoerente, porque Jesus começa o seu discurso a pessoas que já o seguiam por onde ele ia com a expressão "*Se alguém quiser ser meu seguidor...*".

Como assim, "*se alguém quiser*"? Se eu estou aqui, é porque eu já quis! É porque eu saí de algum lugar (minha casa, meu trabalho ou minha escola) para vir aqui ouvir o que você tem a dizer! Para vir à igreja no domingo! Para cumprir o pré-requisito para receber as bênçãos e os milagres que você tem a me oferecer! Afinal, não é esse o propósito de seguir você?

Pensamentos desse tipo podem muito bem ter passado pela mente de alguns dos ouvintes daquela mensagem. E são os mesmos pensamentos que passam pela nossa mente ainda hoje quando decidimos seguir Jesus.

Na verdade, Jesus estava apresentando à multidão um nível diferente do mero "seguidor". Ele estava desafiando aquelas pessoas a avaliarem que tipo de seguidores eles são: se são daqueles que querem apenas clicar em um botão onde está escrito "seguir" para ficarem por dentro das últimas atualizações a respeito de Jesus (o que ele comeu hoje, em qual festa ele foi, qual viagem ele fez...) Ou se desejam efetivamente ir com ele para onde ele for. Jesus parece ter uma clara consciência de que nem todos que o ouviam e "curtiam" iriam realmente segui-lo. Por qual motivo? Porque eles haviam criado suas próprias expectativas a respeito de quem ele era e do que ele faria, e ao verem aquelas expectativas se frustrarem, desistiriam da dura jornada do discipulado.

Sabendo disso, Jesus então continua:

> Se alguém quiser ser meu seguidor, negue a si mesmo, tome diariamente a sua cruz e siga-me. Se tentar se apegar à sua vida, a perderá. Mas se abrir mão de sua vida por minha causa, a salvará. (Lucas 9.23-24)

As cartas agora estão sobre a mesa. A multidão, provavelmente chocada, depara-se não mais com a expectativa, mas com a realidade do que significa seguir não a um mestre qualquer, mas ao Filho de Deus, o Rei dos reis, Senhor dos senhores, aquele que tem todo o poder nas mãos e que não se intimida pela realidade porque é maior e mais real do que ela.

A lógica do Reino de Deus é diametralmente oposta à deste mundo. Como é que eu posso ganhar perdendo? Como posso ser salvo negando a mim mesmo e tomando uma cruz, um instrumento de morte, para carregar todos os dias? De acordo com a lógica humana e terrena, o fim esperado para quem escolhesse esse caminho é tenebroso, sombrio e trágico. Significaria abrir mão de todas as expectativas criadas para se lançar numa aventura rumo a um desconhecido porém certamente caótico destino. Conhecendo o coração e a mente do ser humano, Jesus sabia exatamente como aquelas pessoas e como nós ainda hoje reagiríamos a essa proposta. Penso que seja esse o motivo pelo qual vemos tantos "se" nessa passagem. Ele abre a possibilidade de não querermos aceitar o seu convite. De continuarmos na direção que escolhemos para nós mesmos. De preferirmos ganhar a perder, embora no fim a perda se revele em ganho, de acordo com a promessa dele.

Jesus sabia que, para muitos de nós, o "se" seria o ponto final. O custo seria simplesmente alto demais, e a troca aparentemente não vale a pena. E não se trata apenas do que descobrimos que vai acontecer ao seguirmos Jesus (o fato de que teremos de negar a nós mesmos e carregar nossa cruz), mas principalmente da insegurança decorrente de não sabermos exatamente o que vai acontecer. Sim, porque Deus não costuma revelar os detalhes dos seus futuros planos a nosso respeito de modo antecipado. Ele nos chama a uma jornada de fé, e a fé é, por definição, a certeza das coisas que não vemos (Hebreus 11.1).

Em razão da nossa falta de fé e do nosso desejo de controlar e antecipar o futuro, o que ocorre é que, ao nos depararmos com o convite de Jesus para segui-lO nos termos em que ele apresente o convite, passamos a calcular e projetar nossas expectativas em relação ao que pensamos estar por vir. E, se o resultado dessa projeção me parecer positivo, aceito o convite.

Caso, porém, o saldo se apresente negativo à minha percepção da realidade, colocando em risco minha definição de conforto e minhas ambições de sucesso pessoal, dou um passo atrás (como muitos da "multidão" faziam sempre que Jesus apertava o discurso). No entanto, o convite aparentemente ilógico de Jesus vem acompanhado de uma lógica que a sequência do texto revela: "Que vantagem há em ganhar o mundo inteiro, mas perder ou destruir a própria vida?" (Mateus 8.36). Chegamos aqui a um ponto crucial, um ponto de tomada de decisão. A pergunta "que vantagem há", feita por Jesus há cerca de dois milênios, ecoa hoje nas mentes e nos lábios da nossa geração.

Na sociedade do individualismo e da elevação da busca por felicidade como valor supremo, essa é a pergunta mais importante de todas: "o que eu tenho a ganhar com isso?"; "Por que devo escolher esse caminho e não o outro?"; "De que maneira vou me beneficiar com essa decisão?"; "Isso vai me fazer feliz?". E quando imaginamos de que maneira a decisão de seguir Jesus poderá afetar nosso conforto, nossos projetos, nossa popularidade, muitas vezes preferimos a ilusória vantagem de ganhar o mundo inteiro – ainda que, no fundo, saibamos que essa escolha pode custar a nossa alma.

O confronto de Jesus é claro: de que adianta ganhar tudo o que se pode desejar ter nesta vida e neste mundo se o preço a ser pago por isso for um coração e um futuro vazios de sentido, propósito e eternidade? Qual é o ponto?

Será que não foi a essa conclusão que o Rei Salomão chegou quando, depois de experimentar todos os prazeres e riquezas deste mundo, escreveu:

> Dediquei-me a projetos grandiosos, construindo casas enormes e plantando belos vinhedos. Fiz jardins e parques e os enchi de árvores frutíferas de toda espécie. Construí açudes para juntar água e regar meus pomares verdejantes. Comprei escravos e escravas, e outros nasceram em minha casa. Tive muito gado e rebanhos, mais que todos os que viveram em Jerusalém antes de mim. Juntei grande quantidade de prata e ouro, tesouros de muitos reis e províncias. Contratei cantores e cantoras e tive muitas concubinas. Tive tudo que um homem pode desejar! Tornei-me mais importante que todos os que viveram em Jerusalém antes de mim, e nunca me faltou sabedoria. Tudo que desejei, busquei e consegui. Não me neguei prazer algum. No trabalho árduo, encontrei grande prazer, a recompensa por meus esforços. Mas, ao olhar para tudo que havia me esforçado para realizar, vi que nada fazia sentido; era como correr atrás do vento. Não havia nada que valesse a pena debaixo do sol. (Eclesiastes 2.4-11)

O convite de Jesus não precisa prescindir de uma avaliação do que vale mais a pena. Mas é necessário avaliar com cuidado e escolher quais critérios você utilizará para escolher o caminho a seguir. É preciso ajustar suas expectativas a partir dos filtros certos.

A expectativa

Se existe, no fim das contas, uma vantagem efetiva em seguir Jesus, o que devemos esperar ao decidirmos segui-lo? Em outras palavras, uma vez tomada a decisão de confiar nele e fazer a troca entre nossas velhas expectativas e o convite que ele faz, quais são as novas expectativas que podemos desenvolver?

Vamos observar o exemplo do apóstolo Paulo. Tendo alcançado destaque no ambiente religioso de Israel e cheio de expectativas a respeito do sucesso que a sua capacidade intelectual e o seu zelo pela Lei de Deus lhe proporcionariam, Paulo encontra-se repentinamente diante de um novo cenário. Após ser confrontado e salvo por Jesus, ele optou por fazer a troca e aceitar o convite de deixar sua antiga vida – e, com ela, todas as suas expectativas por sucesso – para trás, a fim de seguir Jesus. Em Filipenses 3.7, ele confessa o que mudou no momento em que suas antigas expectativas foram abandonadas: "Pensava que essas coisas eram valiosas, mas agora as considero insignificantes por causa de Cristo".

Que mudança! Daquilo que antes era a fonte de todas as suas expectativas (seu *status*, seu conhecimento e sua posição de influência) ele já não esperava mais nada! Aquilo já não exercia nenhum fascínio sobre Paulo, porque sua mente e seu coração aceitaram um convite que mudou por completo a fonte e o destino das suas expectativas. Será que você também pode afirmar que todas as suas expectativas estão depositadas exclusivamente em Cristo? Se você ainda tem dúvidas se essa troca vale a pena, veja o que Paulo afirma na sequência (verso 8): "Sim, todas as outras coisas são insignificantes comparadas ao ganho inestimável de conhecer a Cristo Jesus, meu Senhor [...]".

Uma pausa para dizer o seguinte: não há comparação entre Jesus e _____ (pode escolher como quer completar essa lacuna)! Jesus é mais, melhor, mais belo, mais forte, mais incrível, mais espetacular, mais suficiente, mais poderoso, mais profundo, mais alto, mais permanente, mais completo, mais tudo do que todos os concorrentes que você possa estabelecer na disputa pelo trono da sua mente e do seu coração! Comparados a ele, os reinos e as riquezas desse mundo são nada!

Dito isso, podemos seguir com Paulo: "[...] e nele ser encontrado. Não conto mais com minha própria justiça, que vem da obediência à lei, mas sim com a justiça que vem pela fé em Cristo, pois é com base na fé que Deus nos declara justos" (v. 9). Ou seja, há um novo parâmetro pelo qual meço e avalio meu sucesso ou minha justiça, e esse critério é a fé em Cristo – é por meio dessa fé que Deus me considera justo, e não pela obediência que sou capaz de demonstrar.

Isso faz com que o mérito seja todo de Cristo, e não meu. Faz também com que eu seja mais obediente, ao contrário do que essa ideia parece sugerir. Porque minha obediência agora é resultado da justiça que recebi gratuitamente, simplesmente por depositar minha fé em Jesus.

O texto continua: "Quero conhecer a Cristo e experimentar o grande poder que o ressuscitou" (v. 10). Lindo, não? Eu também quero conhecer a Cristo e experimentar o incrível poder que o ressuscitou dos mortos. Até aqui, estamos com Paulo – ao menos aqueles de nós que já aceitaram a Jesus em suas vidas e decidiram trocar suas velhas expectativas pelas novas que encontramos nele. O alvo mais importante passa a ser conhecer Jesus e experimentar o poder que nos habilita a vivenciá-lo e torná-lo conhecido. Mas agora acontece uma virada inesperada. Esse é aquele momento em que o seriado prende você na maratona até o último episódio, o clímax do filme que te faz remexer na cadeira do cinema e se perguntar como será possível que isso termine bem. Da linda e profunda declaração acerca do seu desejo de conhecer a Cristo e experimentar seu poder, Paulo torna-se estranhamente prático e preciso na sua próxima sentença: "Quero sofrer com ele, participando de sua morte, para, de alguma forma, alcançar a ressurreição dos mortos!" (vs. 10b-11).

Isso eu não quero. Se quero conhecer Jesus? Sim! Experimentar o poder da sua ressurreição? Claro! Sofrer com ele? Hum, participar da sua morte? Ok, isso é claramente um exagero, Paulo. Não foi para isso que eu me inscrevi. A contradição aqui, embora evidente, é apenas aparente. Veja que, ao mesmo tempo em que Paulo afirma desejar sofrer com Cristo e participar da sua morte, o seu objetivo, o seu fim, o seu alvo não é o sofrimento ou a morte. Esses são os meios – indesejáveis, a princípio? Certamente. Mas quando comparados ao destino final? Ah, como valem a pena.

O alvo de Paulo nunca foi o sofrimento da morte, mas o prazer da vida. A vida verdadeira, abundante e eterna que Jesus conquistou ao morrer e ressuscitar, e que colocou em nós por meio do seu Espírito!

No entanto, Paulo não se enganava, nem enganava seus leitores – as igrejas que havia plantado e pastoreado – com falsas expectativas, ou promessas ilusórias e vazias a respeito de uma vida livre de problemas, dificuldades, dor e mesmo morte. Ele sabia e admitia que havia um processo envolvido para que o discípulo pudesse alcançar o pleno conhecimento do seu Mestre e Salvador, e assim experimentar a plenitude de vida que ele oferece.

Esse processo envolve dor, renúncia e sacrifício, mas deve ser intensamente desejado. Não por um desejo insano de sofrer ou de experimentar prazer na dor, mas por sabermos que esse processo nos levará a viver tudo o que Deus já preparou para nós em Cristo! É tão comum desistirmos no meio desse processo. Antes de alcançarmos o prêmio. Antes de experimentarmos o efeito, nas palavras de Eugene Peterson, da "longa obediência na mesma direção". Tragicamente, muitos de nós, mesmo entre aqueles que um dia andaram com Cristo, tem optado por abandonar a jornada do discipulado porque tiveram suas expectativas frustradas e consideram que a culpa, claro, é de Deus.

Afinal, por que Ele me permitiu sofrer? Por que Ele não me curou? Por que Ele não salvou meu casamento? Por que eu não me casei até hoje? Por que eu sou assim? Por quê, Deus?

São perguntas legítimas, e não cabe a mim, de maneira nenhuma, menosprezar a sua dor ou mesmo a sua decisão de abandonar a sua religião, a sua igreja, ou mesmo o próprio Deus em razão de experiências como essa ou outras talvez ainda mais drásticas.

Contudo, quero ousar propor uma outra maneira de enxergar a realidade do que significa seguir Jesus.

A realidade

Vimos qual é o convite que Jesus nos faz e quais são as expectativas que geralmente temos ao aceitar esse convite. Vimos também que essas expectativas não raramente são frustradas, porque andar com Jesus pode ser bem diferente do que aquilo que imaginamos ou ouvimos inicialmente. Existe um processo que passa pela dor e pelo sofrimento, que leva muitos de nós a desacelerarmos ou até desistirmos da jornada.

Afinal, se eu não posso esperar uma vida perfeita ao decidir andar com Jesus, o que é que eu posso (ou devo) então esperar? Qual é a realidade de quem se lança por inteiro à aventura de seguir a Cristo?

Continuamos aprendendo com Paulo, agora na sua primeira carta aos Coríntios, no capítulo 4. Ele está basicamente dando uma bronca naquela igreja, que havia se perdido em seus caminhos e precisa ser agora confrontada e corrigida em amor — assim como Jesus, em amor, pregou mensagens duras aos seguidores para saber quem continuaria, de fato, a segui-lO.

Paulo então compara a posição deles, os membros daquela igreja — naquele contexto cheios de orgulho e vaidade por seus talentos e sua riqueza —, à sua própria condição — ele que era um líder e um apóstolo. O objetivo dele é claro: mostrar a realidade do que significa seguir Jesus de perto, de modo profundo e totalmente comprometido.

Lemos o seguinte, a partir do verso 9:

> Por vezes me parece que Deus colocou a nós, os apóstolos, em último lugar, como condenados à morte, espetáculo para o mundo inteiro, tanto para as pessoas como para os anjos. Nossa dedicação a Cristo nos faz parecer loucos,

mas vocês afirmam ser sábios em Cristo. Nós somos fracos, mas vocês são fortes. Vocês são respeitados, mas nós somos ridicularizados. Até agora passamos fome e sede, e não temos roupa necessária para nos manter aquecidos. Somos espancados e não temos casa. Trabalhamos arduamente com as próprias mãos para obter sustento. Abençoamos quem nos amaldiçoa. Somos pacientes com quem nos maltrata. Respondemos com bondade quando falam mal de nós. E, no entanto, até o momento, temos sido tratados como a escória do mundo, como o lixo de todos. (1 Coríntios 4.9-13)

Pausa para respirar.

A lógica do mundo diz que quanto mais alta for a sua posição no escalão social / empresarial / religioso, maiores serão os benefícios a serem usufruídos. A lógica de Jesus diz que quanto mais alta for a sua posição no reino de Deus, mais de si mesmo você poderá sacrificar em prol dos outros.

E nesse processo, se você fizer muito bem a sua parte, pode ser que as pessoas olhem para você como "o lixo do mundo". Essa é mais do que a expectativa, mas a realidade da vida cristã.

Enquanto muitos de nós nos conformamos a uma "graça barata" (expressão usada por Dietrich Bonhoeffer, o pastor que resistiu ao regime de Hitler na Alemanha nazista), que não requer de nós a morte do "eu" e a tomada da nossa cruz, a realidade experimentada pelo apóstolo Paulo aponta para um estilo de vida que talvez não estejamos dispostos a adotar – e, no entanto, é esse o estilo de vida que somos chamados a enfrentar se necessário, a fim de que vermos o reino de Deus instalado na terra.

Depois de seguir na sua não muito encorajadora argumentação, Paulo conclui essa passagem com uma proposta igualmente não muito animadora: "Portanto, suplico-lhes que sejam meus imitadores" (vs. 16). Não é à toa que Paulo tinha a fama de não ser um grande pregador!

Talvez você esteja à essa altura concluindo – e não posso criticá-lo por isso – que a vida cristã é, então, uma vida muito ruim! Nada pode ser mais distante da verdade.

O fato é que a vida cristã não é uma vida de tragédias, e nem todos nós precisaremos enfrentar o que Paulo enfrentou. Creio sinceramente que Deus nos dá a graça necessária para vivermos o chamado que ele tem para cada um de nós, e o chamado de Paulo foi específico, para um tempo e propósito também específicos.

A vida cristã é marcada pelo fruto do Espírito: "amor, alegria, paz, paciência, amabilidade, bondade, fidelidade, mansidão e domínio próprio" (Gálatas 5.22b-23a).

A Bíblia diz também que o reino de Deus é definido por "justiça, paz e alegria no Espírito Santo" (Romanos 14.17b). Jesus veio para nos dar vida e vida em abundância (João 10.10)! Minha oração é que essas sejam as marcas da sua vida aqui na terra como discípulo de Jesus!

No entanto, não posso alimentar em você expectativas que não correspondam à realidade completa. Seguir Jesus também pode incluir passar por dor. Sofrer o luto da perda de alguém muito querido. Encarar as cicatrizes de um abuso. Tentar se reerguer depois de uma traição terminada em divórcio.

Deus não causa essas coisas. Aliás, ele odeia o pecado e suas consequências, e por isso enviou seu Filho de Jesus, para transformar a nossa realidade na realidade planejada originalmente por ele. Haverá um dia em que tudo isso terá fim, e vida será perfeita como deveria ter sido desde o princípio.

Até lá, nem Paulo, nem nós podemos ficar totalmente livres da dor e da frustração de nossas expectativas humanas. Mas o que nós podemos e devemos fazer é elevar o padrão das nossas expectativas!

Sim, porque a realidade de quem vive com Jesus, mesmo com os percalços e as dores da jornada, é incomparavelmente melhor e superior à alternativa de viver longe dele.

É exatamente por isso que Paulo pode concluir, com tanta ousadia e confiança, com o convite para sermos seus imitadores. Mesmo apresentando a realidade do que seguir Jesus pode significar, Paulo tinha uma razão forte o suficiente para acreditar, de todo o coração, que não há caminho melhor do que enfrentar o que quer que seja para andar perto de Jesus e ir para onde ele nos enviar, ainda que pareça loucura andar voluntariamente por esse caminho.

Sim, porque é loucura mesmo. Não se engane. Não há nada de normal em seguir Jesus. Nada de ordinário em andar com ele. Nenhum dia igual ao outro, nenhuma experiência que faça total sentido. Sendo assim, que essa razão pode ser suficiente para me convencer a aceitar esse convite?

Leonard Ravenhill, em seu livro clássico *Por que tarda o pleno avivamento?*, comenta essa mesma passagem de 1 Coríntios afirmando o seguinte:

> Quando um homem chega a dizer que é o lixo do mundo, é porque não tem mais ambições pessoais, não possui mais nada que alguém possa invejar. Não tem mais reputação – nada mais a zelar. Não possui bens – e, portanto, mais nada com que se preocupar. Não tem mais direitos – e, portanto, não está mais sujeito a sofrer injustiças. Que bendita condição! Ele já está morto – então ninguém pode matá-lo. E se os apóstolos tinham tal estado de espírito, tal mentalidade, não foi à toa que eles "transtornaram o mundo".

Esse é o retrato de um coração que já morreu para este mundo, para as coisas de menor valor, para si mesmo. Porque descobriu um tesouro incomparavelmente maior e melhor no qual depositar suas expectativas e viver sua realidade.

E, de repente, toda a loucura começa a fazer sentido. Que nível de liberdade incrível podemos experimentar ao viver assim. Que vida alegre e leve podemos desfrutar ao decidir abrir mão de tudo o que gera ansiedade e temor em nossos corações!

O que eu descubro, então, é que a **perspectiva através da qual eu enxergo a realidade determina a realidade que eu enxergo**.

Existem diferentes maneiras de olhar pela realidade. Se eu escolher enxergar a realidade a partir da minha perspectiva humana, terrena e limitada, provavelmente ficarei profundamente frustrado. Se eu escolher enxergar a realidade a partir da perspectiva de Deus, até estar morto pode ser algo muito, muito atrativo. Pode ser a melhor condição para se viver!

Vale lembrar o que Jesus disse: "Eu vim para lhes dar vida, uma vida plena, que satisfaz" (João 10.10 – A Mensagem). Mas, para que eu possa viver essa vida, preciso abandonar as minhas expectativas, a fim de viver os planos que só ele enxerga hoje.

Bob Goff, em seu livro *O amor faz*, escreveu o seguinte:

> Antes eu tinha medo de fracassar nas coisas com as quais realmente me importava, mas agora tenho mais medo de ser bem-sucedido em coisas que não têm importância.

Quero desafiar você a abandonar o medo de fracassar tentando seguir Jesus. Tentando se parecer mais com ele. Tentando ser mais santo. Tentando amar mais e melhor as pessoas. Tentando se preocupar menos consigo mesmo, com sua própria reputação. Vá fundo. Tente com todas as suas forças.

E se isso custar tudo o que você é e tudo o que você tem? O próprio Paulo garante que você sairá no lucro. Sim, porque viver é Cristo e morrer é melhor ainda (Filipenses 1.21). E se eu já o ganhei, o que mais tenho a perder?

No fim das contas, há algo mais importante do que vermos todas as nossas expectativas e os nossos sonhos realizados nesta vida. Há uma eternidade pela frente. Se abrir mão dos nossos projetos pessoais é o passo necessário para, "de alguma forma", alcançarmos tudo o que Deus tem para nós, que seja. É um preço incrivelmente baixo comparado *"ao ganho inestimável de conhecer a Cristo Jesus, meu Senhor"*. Nossas maiores expectativas e nossos melhores planos são muito, muito pequenos comparados à vida plena que Jesus oferece – e que ele já conquistou na cruz por nós.

Em Jesus, você é filho de Deus, amado por ele, uma nova criação em, abençoado com todas as bênçãos nas regiões celestiais, salvo, redimido, perdoado, transformado, santo!

Essa é a realidade que Deus tem para você e para mim. Não se trata de um plano ou de uma intenção. Não é apenas uma expectativa, mas um fato consumado, porque Jesus, o Filho de Deus, pagou o preço da sua própria vida para garantir que você tivesse acesso à realidade mais real do que a sua dor e o seu sofrimento. Você só precisa aceitar, receber e desfrutar.

Para concluirmos com o texto que nos acompanhou por todo esse tempo, veja como Paulo termina a sua oração pela igreja de Éfeso:

Toda a glória seja a Deus que, por seu grandioso poder que atua em nós, é capaz de realizar infinitamente mais do que poderíamos pedir ou imaginar. A ele seja a glória na igreja e em Cristo Jesus por todas as gerações, para todo o sempre! Amém. (Efésios 3.20-21)

Será que, diante dessa realidade acerca de quem Deus é e do que ele é capaz de fazer, vale a pena continuar vivendo com base nas nossas próprias expectativas?

Se, depois de todo esse tempo juntos, eu puder tomar a liberdade de te dar um conselho, aí vai: **troque suas expectativas pela realidade que Jesus conquistou para você!**

A realidade que Ele conquistou para você? **Ser como Ele é para fazer o que Ele fez.** O que poderia ser melhor do que isso?

Este livro foi produzido em Adobe Garamond Pro 12 e
impresso pela Gráfica Promove sobre papel Pólen Soft 80g
para a Editora Quatro Ventos em novembro de 2019.